100 GENIOS DEL BALÓN

DE NIÑOS A CRACKS

100 GENIOS DEL BALÓN

Ilustrado por César Moreno

ALBERTO LATI

PLAN B

100 genios del balón
De niños a cracks

Primera edición: enero, 2019

D. R. © 2018, Alberto Lati

D. R. © 2019, derechos de edición mundiales en lengua castellana:
Penguin Random House Grupo Editorial, S. A. de C. V.
Blvd. Miguel de Cervantes Saavedra núm. 301, 1er piso,
colonia Granada, delegación Miguel Hidalgo, C. P. 11520,
Ciudad de México

www.megustaleer.mx

D. R. © César Moreno, por las ilustraciones de interiores y portada

ISBN: 978-607-317-377-3
Impreso en México – *Printed in Mexico*

El papel utilizado para la impresión de este libro ha sido fabricado a partir de madera procedente
de bosques y plantaciones gestionadas con los más altos estándares ambientales, garantizando
una explotación de los recursos sostenible con el medio ambiente y beneficiosa para las personas.

Penguin
Random House
Grupo Editorial

A quienes anhelaron, creyeron y perseveraron.
A quienes, al hacerlo, nos inspiraron.
A quienes no fallaron a la ilusión del niño que fueron.
A mis hijos y en defensa de sus sueños.

AHÍ, DONDE EMPEZÓ LA GLORIA

De ese momento en la cima, de ese gran gol o conquista, están enterados hasta los que no resultan cercanos al futbol: Pelé festejando en hombros durante México 1970; Franz Beckenbauer y Johan Cruyff saludándose antes de dilucidar al campeón de Alemania 1974; Maradona driblando a cuanto inglés emerge en México 1986; Zinedine Zidane ejecutando su volea en la final de la Champions de 2002; Lionel Messi y Cristiano Ronaldo abriendo el mayor duelo directo que el reinado del balón haya presenciado.

De lo que sucedió muchos años antes –los orígenes, la procedencia, el inicio jugando sobre piedras, los obstáculos, las negativas, el barrio, la inspiración, los dolores, las dudas, la discriminación, el casi retiro de algo que no había comenzado, ese primer artefacto usado como balón que apenas rodaba, esa lesión en la infancia que casi frustra todo, esa red de coincidencias que les llevaron hasta un estadio–, de todo eso, no sabemos demasiado.

Eso exploramos en esta serie de libros, cuyo primer volumen es 100 genios del balón. Eso exploramos, tan sorprendidos al escribirlo por varias anécdotas de los grandes futbolistas, como sorprendido lo recibirá el lector y aficionado.

No están todos los genios que han existido, pero sin duda sí son genios todos los que aquí están: Fritz Walter como prisionero de guerra en trayecto a Siberia, Puskas cuando se apellidaba Purczeld y mentía sobre su edad, Kopa cuando era Kopaszewski y se lastimó la mano como minero, Didí vendiendo cacahuates y al borde de una amputación tras el mal cuidado de una herida, Eusebio llamado Magagaga en Mozambique, Neeskens visto como la mayor promesa del beisbol en Europa, Stoitchkov pensando en desertar del ejército y escapar de Bulgaria, Roberto Carlos criado en una finca cafetalera, Ronaldo perdiendo su sueño de ir al Flamengo por no poder pagar el pasaje, Cuauhtémoc Blanco despachando videos piratas en el barrio de Tepito, Keylor Navas lejos de sus padres que debieron emigrar a Estados

Unidos para hallarle sustento, Iniesta asegurando que sacaría a su papá del trabajo en la construcción, Buffon como brillante mediocampista.

En la historia de cada uno de estos cien genios del balón, una inspiración: por talentoso y predestinado que un niño parezca, nadie llega a crack sin gran entrega y tenacidad. ¿Suerte? La que buscaron y, después, merecieron.

En próximos libros que formarán parte de esta colección, revelaremos más sobre la cuna y causa detrás de las estrellas de otros deportes. Por lo pronto, bienvenidos al paso inaugural en este camino.

A patear con ellos esa primera pelota, sobre una cancha sin pasto, hacia porterías tan inverosímiles como las que muchos alguna vez utilizaron: Rivellino y un gallinero, Caszely con cáñamo en vez de redes, Jorge Campos con varas de carrizo clavadas sobre la playa… Mejor no más pistas, ¡empezamos! Nunca mejor dicho, empezamos por el principio. El principio de su gloria. ⚽

Alberto Lati, diciembre 2018

ARTHUR FRIEDENREICH
LO MEJOR DE DOS MUNDOS

**Nació el 18 de julio de 1892
Murió el 6 de septiembre de 1969**

CAMPEÓN DE DOS COPAS AMÉRICA
en 1919 y 1922
CAMPEÓN COPA ROCA 1914
el primer título brasileño
CAMBIÓ AL MENOS
20 veces de club
SU CARRERA SE ALARGÓ
entre 1909 y 1935

Con el apellido y los ojos claros de su padre alemán, con el rostro moreno de su madre descendiente de africanos, Arthur Friedenreich fue el fundador de la manera brasileña de jugar futbol. El ritmo, la belleza, la habilidad, la cadencia, que más tarde convertirían a la verdeamarela en la selección más laureada y admirada, se fusionaron por primera vez en ese muchacho apodado El Tigre.

Apenas cuatro años después de que se aboliera la esclavitud en Brasil, un bebé mulato eligió el mejor punto de São Paulo para nacer: en la esquina de las calles Victoria y Triunfo, adelanto de los goles que muy pronto haría sobre esa misma terracería.

Sin embargo, en esa época el futbol brasileño estaba restringido para muchachos blancos. Así que Fried disimulaba sus rasgos alaciándose los cabellos crespos y aclarándose el rostro con polvos de arroz.

Campeón de 2 Copas América

Sea que creamos la versión que le atribuye 1329 anotaciones, sea que nos quedemos con las 558 confirmadas, fue campeón goleador diez veces sin que su juego se limitara a meter el balón a la portería. Gambeteaba como nadie hasta antes de él, remataba acrobáticamente, se retrasaba para armar el juego, se atrevía a malabares jamás vistos con la pelota.

Durante los veintiséis años que se alargó su trayectoria, hubo mucho. Por ejemplo, el primer título brasileño en la Copa América Brasil 1919 con él como astro. O las siguientes ediciones, en Chile 1920 y Argentina 1921, para las que fue excluido por el color de su piel.

Se pensaba que Uruguay 1930 sería la última oportunidad para verlo en acción, pero un pleito entre las federaciones de São Paulo y Río de Janeiro propició que los seleccionados paulistas no fueran considerados.

Valiente con o sin balón, en 1932 interrumpió su carrera para tomar las armas y sumarse a la revolución constitucionalista contra el presidente Getúlio Vargas, aunque tras el conflicto todavía volvería a las canchas.

De la esquina de Victoria y Triunfo surgió el gran ganador de esta historia: no sólo por sus trofeos y campeonatos; sobre todo, por lo que significó para acabar con el racismo en el deporte de su país. ⚽

RICARDO ZAMORA

EL DIVINO

Nació el 21 de enero de 1901
Murió el 8 de septiembre de 1978

Su camino estaba en la medicina. Otra cosa fue el destino, convencido de que ese muchacho no sólo se convertiría en el primer gran portero de la historia, sino en el primer gran ídolo deportivo de su país.

En 1916 el RCD Español recibió dos repentinas noticias de parte de su veterano guardameta: que dejaba el futbol y que había descubierto a su sucesor, un quinceañero llamado Ricardo Zamora.

Tras contar con el permiso de sus padres, el niño fue integrado al primer equipo y como niño siguió con una superstición: por siempre colocaría sobre las redes un muñeco de trapo.

Tremenda resultó la sorpresa al ver sus reflejos, su valentía, su personalidad, su seguridad, su alcance al volar, su desafío al inventar técnicas para echar afuera el balón, por ejemplo, con el codo.

2 ligas con Real Madrid

Los estudios de medicina volverían por él y Zamora cambiaría la portería por el aula, aunque, al descubrirlo jugando en la calle, el FC Barcelona lo convenció de volver. Con escasos diecinueve años ya había salido del retiro y acudía a los Juegos Olímpicos de 1920, por entonces vistos como el Mundial de futbol. Ahí, España conquistaría la medalla de plata y el arquero sería aclamado como el mejor del mundo.

Más tarde, ya apodado El Mito y El Divino, transferido en 1930 al Real Madrid por una cifra récord, sólo fue eliminado del Mundial de Italia 1934 por el arbitraje más escandaloso: con dos costillas rotas y un gol ilegal en contra, terminaba la aventura mundialista de Zamora.

Dos años después, varios periódicos europeos publicaban que había sido fusilado en la Guerra Civil española. Incluso se le rendía un minuto de silencio bajo iniciativa del creador del Mundial, Jules Rimet.

Sí, era cierto que había estado preso muchos meses y muy cercano a la ejecución, pero su vida fue salvada por el poeta Pedro Luis de Gálvez, quien al descubrirlo encarcelado, clamó: «¡Zamora! ¡Zamora! Que nadie le toque un pelo. ¡Yo lo prohíbo!»

Sin su señorial atuendo de boina, suéter y camisa abotonada hasta el cuello, lejos de los tres postes, El Divino había atajado de la manera más extrema a la muerte. ⚽

JOSÉ LEANDRO ANDRADE
LA MARAVILLA NEGRA

Nació el 22 de noviembre de 1901
Murió el 5 de octubre de 1957

CAMPEÓN DEL MUNDO
en Uruguay 1930
MEDALLA DE ORO EN LOS JUEGOS
Olímpicos de París 1924 y Ámsterdam 1928
3 COPAS AMÉRICA EN 1923, 1924 Y 1926
CAMPEÓN DE LIGA
con Nacional y Peñarol
DEBUTÓ
en Club Atlético Bella Vista en 1921

De su padre, ese esclavo que logró huir de Brasil e instalarse libre en Uruguay, José Leandro aprendió tres cosas: primero, nunca sería subordinado o visto para abajo por el color de su piel; segundo, derrocharía magia en la cancha tal como su papá hacía en el campo, apegado a los hechizos de sus antepasados africanos; y, tercero, jugaría con un ritmo sólo equiparable al que imprimía al tambor en los carnavales.

Futbol y baile, rebeldía y brujería, José Leandro Andrade trabajó en cuanto pudo, sin jamás dejar de tocar instrumentos con la Compañía Libertadores de África. Lustró zapatos, fue bailarín, afinó pianos, incluso continuó vendiendo periódicos en una esquina de Montevideo después de debutar como futbolista.

Antes, en 1921, el gran capitán uruguayo, José Nasazzi, lo observó dominar un balón en las calles, detectó una elasticidad digna de piernas de goma, descubrió un futbol diferente al que él y todo el mundo habían presenciado. Impresionado, lo invitó al Club Atlético Bella Vista y de ahí se lo llevó a la selección.

En los Juegos Olímpicos de París 1924, Uru-

3 Copas América

guay era tan desconocida que su bandera se colocó de cabeza y su himno se confundió con el de Brasil. Poco antes del inicio, espías de su rival, Yugoslavia, fueron a verlos practicar. Andrade se dio cuenta y convenció al resto del plantel de realizar una pantomima: embaucaron a los pobres balcánicos, entrenando como si no tuvieran idea de lo que era ese deporte. Un día después, vaya sorpresa, los charrúas goleaban siete a cero.

Ronda a ronda, las gradas se enamoraban del mejor equipo del planeta y del arte del primer futbolista negro que habían conocido. Su cambio de ritmo, su aceleración, su destreza, sus acrobacias.

Uruguay ganaría el oro y Andrade se convertiría en uno de los consentidos de la noche parisina, de los cabarets, de las salas de danza donde bailó unos tangos con la famosa Joséphine Baker, llamada La Perla Negra. Así surgió el apodo que Andrade cargaría en los siguientes dos títulos mundiales con Uruguay: La Maravilla Negra.

Ella, la primera estrella de cine negra. Él, el primer negro crack del futbol, fiel a los tres preceptos de su padre, ese esclavo liberado y hechicero. ⚽

MATTHIAS SINDELAR
EL MOZART DEL FUTBOL

Nació el 10 de febrero de 1903
Murió el 23 de enero de 1939

SEMIFINALISTA
en el Mundial Italia 1934
11 AÑOS COMO TITULAR
con la selección de Austria
3 TÍTULOS EUROPEOS
con el club Austria de Viena
MEJOR DEPORTISTA
austriaco del siglo XX

Un cementerio muy musical en Viena. A unos metros de las tumbas de Beethoven y Schubert reposan también los restos del apodado Mozart del futbol.

Matthias Sindelar, el que pisaba el balón como arrullado por un vals, el que doblegaba defensas a golpe de filarmónica, el que tendría la mala suerte de convertirse, él mismo, en héroe de la ópera más trágica.

Su familia, de orígenes checos, se había mudado a una Viena cuyas calles no darían crédito a lo que el delgadísimo niño Sindi hacía con la pelota: si ahí mismo, en ese inicio del siglo XX, Freud desafiaba todo desde el pensamiento, Musil desde las letras y Klimt desde la pintura, Sindelar lo haría en la cancha.

Así se forjó el *Wunderteam*, la selección maravilla: dinámica y virtuosa, con Matthias en un rol tan protagónico como el que ya ocupaba inspirando poemas y hasta películas de la época.

3 titulos europeos

Los austriacos eran favoritos para coronarse en el Mundial de Italia 1934, pero un arbitraje penoso, favoreciendo a la anfitriona Italia, los eliminó en semifinales. Acaso en la siguiente Copa del Mundo llegara esa corona pendiente, sólo que la historia tenía otros planes: si el fascismo le robó el trofeo más importante del futbol, el nazismo le quitaria la vida.

En marzo de 1938, la Alemania nazi tomaba Austria y vibraba imaginando a Sindelar como su estrella. Un mes después se disputaba el juego de la reconciliación: por última vez, alemanes y austriacos como rivales. La indicación a los jugadores fue un empate, mas Sindelar decidió hacer ganar a su representativo y festejarlo con un baile de desafío ante el palco nazi.

A partir de entonces alegó que estaba lesionado y nunca acudió al llamado del seleccionador alemán, por mucho que la Gestapo lo presionó. Además, continuó frecuentando a sus amigos judíos, aun cuando su equipo –el Austria de Viena– fue catalogado por los nazis como *Juden-klub*, «club judío», expulsados todos quienes profesaban esa religión.

A principios de 1939 amaneció muerto en su cama sin que se aclarara jamás la razón: ¿suicidio por el acoso que sufría de las autoridades?, ¿asesinato?, ¿mero accidente?

El futbol se había quedado sin su Mozart. La Alemania que incluía a Austria perdería en la primera ronda del Mundial de Francia 1938, culpando a los elementos austriacos de la derrota. ⚽

GIUSEPPE MEAZZA

PEPPINO Y SU ARTE

Nació el 23 de agosto de 1910
Murió el 21 de agosto de 1979

CAMPEÓN DEL MUNDO
en Italia 1934 y Francia 1938
MEJOR JUGADOR DEL MUNDIAL
en Italia 1934
DA NOMBRE AL ESTADIO
de la ciudad de Milán
13 TEMPORADAS
con el Inter
TAMBIÉN JUGO
con el AC Milán y la Juventus

Tragedia y urgencia, para ese niño desnutrido el camino no era el futbol que tanto amaba y con tanta calidad jugaba, pero tampoco los estudios.

A los siete años la vida de Peppino Meazza, ya de por sí humilde, había dado el más triste giro cuando su padre murió en la Primera Guerra Mundial.

Ersilia, su madre, tan guerrera como él lo sería en la delantera, decidió esconderle los zapatos para que no pudiera jugar y le ayudara a trabajar en un mercado milanés. Consiguió lo segundo, mas no lo primero, imposible sospechar que le había hecho un favor: descalzo, Giuseppe descubriría las vibraciones del balón y se curtiría pisando los callejones más rugosos.

Convencida la jefa de la familia de que lo de Meazza con el futbol era impostergable, le dio su bendición. El club AC Milán lo rechazó, incrédulo de que alguien con pinta tan quebradiza pudiera tomar parte del juego. El Inter sí lo admitió, aunque con idéntica desconfianza de sus estrellas veteranas, cuando se supo que lo iban a debutar con diecisiete años.

Brilló 13 temporadas con el Inter

Minutos más tarde nadie tenía dudas: Italia no sólo había encontrado lo que buscaba en la cancha, sino que a medio siglo de su unificación, se había encontrado a sí misma en Peppino: en su elegancia, esfuerzo, estilo, picardía, imaginación, gracia, en su amor por la *dolce vitta* y renuncia a ser sometido por la pobreza. Meazza resolvió sobre el pasto aquel planteamiento del artista Massimo D´Azeglio: « Hemos creado a Italia, ahora necesitamos crear a los italianos».

Con él a la cabeza, la *Azzurra* ganaría los Mundiales de 1934 y 1938. Ante un seleccionador que demandaba absoluto rigor, sólo el bohemio Giuseppe podía efectuar lo que quisiera y actuar bajo libreto propio.

Con su hijo como estrella total, pionero de la publicidad deportiva, Ersilia vivió más tranquila y admitió su error inicial. El AC Milán todavía se resiste a llamar a su estadio con su nombre, como sí lo hace el Inter. ⚽

LEÔNIDAS DA SILVA

DIAMANTE NEGRO

Nació el 6 de septiembre de 1913
Murió el 24 de enero de 2004

MUNDIALISTA
en Italia 1934 y Francia 1938
3 CAMPEONATOS BRASILEÑOS
en 1931, 1938 y 1949
CAMPEÓN DE GOLEO
del Mundial de Francia 1938
BALÓN DE ORO
del Mundial de Francia 1938
537 GOLES EN 593 PARTIDOS

Desde su ventana en el barrio carioca de São Cristóvão, cada mañana Leônidas se asomaba al mar buscando consuelo.

Por ahí había llegado a Brasil su padre, un navegante portugués llamado Manoel; por ahí mismo había vuelto a irse tantas veces y a regresar desde puertos lejanos, hasta que, teniendo el pequeño nueve años, Manoel murió.

Al fallecer su papá, el matrimonio para el que su madre trabajaba como empleada doméstica, tomó a Leônidas como hijo propio. En medio de la profunda tristeza por la orfandad, el niño se topó con la casualidad más afortunada: que esa familia adoptiva abriera un restaurante junto al club São Cristóvão, permitiendo que el *garoto*, al estar encargado de llevar la comida al equipo, aprendiera de futbolistas consolidados.

537 goles en 593 partidos

Así nació lo que más tarde se denominaría «futbol mulato»: un juego de cadencia y finta, de ritmo y acrobacia, directamente relacionado con la capoeira que usaran los ancestros afrobrasileños de su madre para combatir la esclavitud.

Cuando Leônidas creció, los defensas no hallaban cómo evitar sus racimos de goles: si estaba de espaldas ejecutaba el remate de chilena, en esa época desconocido; si estaba de frente, era igual de peligroso; si el balón lucía inalcanzable, ese delantero chaparrito se estiraba y lo dirigía a la portería.

Tanta calidad, sin embargo, no bastaba para acabar con el racismo y sus compañeros se negaron a jugar con él a principios de los años treinta. Viajaba por separado, se le inventaron crímenes para segregarlo, se le discriminaba no sólo por ser mulato, sino por no corresponder su altivez con la docilidad que se exigía a quien tuviera sangre negra.

Llegado el Mundial de Francia 1938, atravesó el océano, como hiciera su padre, sólo que ahora el maravillado no fue él ante lo que contemplaba, sino París por poderlo observar. «Cuando Leônidas anota, creemos que estamos soñando», publicaba una revista francesa.

Surgieron apodos como Diamante Negro, Magia Negra y Hombre de Goma, gracias a él se difundió la chilena y futbolizó la capoeira. Si esa danza-arte marcial le había servido como recurso acrobático en la cancha, la utilizó también como actitud en la vida: Leônidas da Silva nunca se sometió. ☻

STANLEY MATTHEWS
LONGEVIDAD POR LA BANDA

Nació el 1 de febrero de 1915
Murió el 23 de febrero de 2000

No importaba lo fría que fuera la madrugada: los cuatro hermanos Matthews tenían que salir a ejercitarse frente a su musculoso padre, un boxeador apodado El barbero peleador de Hanley, por atender también una barbería.

El temible Jack Matthews no percibía gran fuerza en el tercero de sus hijos, Stan, pero sí una resistencia física que lo distinguía. Además, insistía con ganas de convencerse, la criatura apenas iba a cumplir cuatro años, seguramente ya crecería, se haría ancho de hombros, imponente de puños.

Así que le compró unos zapatos para que se ejercitara, un lujo tras la Primera Guerra Mundial. Dos años después, todos en la localidad de Stoke-and-Trent se dieron cuenta de algo que Jack no quería ver: ese niño no había nacido para dar puñetazos, sino para ser velocista y futbolista... o una mezcla de las dos.

Balón de Oro en 1956

Inventaba dribles a cada partido, sofocaba a los defensas, aceleraba y frenaba como si tuviera motor incluido. Todo menos chocar o golpear, se forjaba un caballero que jamás sería siquiera amonestado.

Cuando Stanley cumplió doce años, Jack le advirtió: antes de concluir el curso escolar, necesitaba ser llamado a la selección menor; de lo contrario, no autorizaría que jugara más. El muchacho trabajó incluso más que antes, se exigió sin descanso, batalla diaria por cumplir su anhelo de balón.

Meses más tarde recibió el comunicado soñado: estaba convocado. Continuaría jugando, aunque a la par tendría que ser productivo. Por las mañanas ayudaba en la barbería y más tarde era albañil, hasta que el club Stoke City le ofreció el trato de su vida: por una libra esterlina a la semana, limpiaría los zapatos de los mayores, prepararía el té y jugaría los fines de semana con el equipo infantil.

Cumplidos los dieciocho años, ya le limpiaban los zapatos a él y de inmediato sería titular con la selección mayor. Una estrella que brillaría tres décadas, en una carrera que extendió hasta los cincuenta años. Su clave era la disciplina, cuidar su alimentación, alejarse de vicios, un régimen de entrenamiento que le hizo ser visto como el primer futbolista de verdad profesional.

Respetado unánimemente, imposible de frenar con balón dominado, Matthews fue tan longevo como genial. Y, pese a lo que el boxeador barbero esperaba, sin dar un puñetazo. ⚽

OBDULIO JACINTO MUIÑOS VARELA

UN JEFE EN MARACANÁ

Nació el 20 de septiembre de 1917
Murió el 2 de agosto de 1996

CAMPEÓN DEL MUNDO
en Brasil 1950
SEMIFINALISTA
en Suiza 1954
COPA AMÉRICA
en Uruguay 1942
6 LIGAS DE URUGUAY CON PEÑAROL
2 GOLES EN COPAS DEL MUNDO

Durante el día, despachaba periódicos, vendía pan y limpiaba zapatos; llegada la noche, levantaba bolos en un boliche de Montevideo. ¿De dónde sacó tiempo Jacinto Muiños para jugar futbol? O, antes, ¿quién fue Jacinto Muiños?

Desde siempre caminando descalzo pero renuente a recibir una moneda por la que no trabajara, de alguna manera ese niño encontraba horas en cada jornada para patear el balón.

No era ni por mucho el mejor, aunque todos lo querían en su equipo. Era la fuerza de espíritu, el liderazgo, la mentalidad de ese adolescente que decidió portar el apellido Varela de su madre: una lavandera negra que, ante la ausencia del padre blanco de sus hijos, sacó adelante a la familia.

A los trece años, Jacinto había cambiado de oficio muchas veces (ahora cuidaba coches) y pronto cambiaría también de nombre: prefirió que lo llamaran Obdulio, como también se leía en su acta.

6 ligas de Uruguay

En 1938 fue contratado por el Wanderers, dinero con el que compró grandes cantidades de comida. Dignísima su madre, fue a la policía a acusarlo de robo, mas no había nadie que reclamara ese dinero. Sólo después comprendió que, por medio del balón, Obdulio Varela entraba en una etapa de abundancia.

Sin embargo, eso no duró demasiado. En 1948, siendo ya capitán de la selección uruguaya y apodado Negro Jefe, reclamó un mejor trato para los futbolistas. Al escuchar una respuesta negativa, inició la huelga del futbol uruguayo, durante la que subsistió como albañil: faltaba un año para que alzara la Copa del Mundo y ahí estaba, incorruptible, tan orgulloso como siempre, de construcción en construcción. A unos meses de Brasil 1950, volvía a rodar la pelota y Obdulio a encabezar a su selección.

Mucho se ha dicho de la final más sorpresiva de la Copa del Mundo, de la forma en que motivó a sus compañeros, de cómo silenció a Maracaná hablando con el árbitro, de su pase a Ghiggia para el gol de la victoria, de que recibió el trofeo en una esquina casi arrebatándoselo al presidente de la FIFA, de que tras el partido se pasó la noche consolando a aficionados brasileños.

No tanto, de una frase con la que se quitó importancia: «Me molesta eso de la leyenda, el mito. No lo voy a entender, no me interesa». ⚽

VALENTINO MAZZOLA
GLORIA TRUNCADA

Nació el 26 de enero de 1919
Murió el 4 de mayo de 1949

Un ruido hacía eco rebotando en el Castello di Cassano d'Adda. Era un niño que, patada a patada, arrastraba latas de comida en conserva de un lado al otro sobre esos callejones empedrados. Tan popular, que todos en esa localidad vecina a Milán lo apodaban *Tulen* por conocerse esas latas como *tola*.

Valentino había nacido en una casucha recargada sobre las murallas del castillo. Luego de que su padre quedara desempleado en la Gran Depresión económica de 1929, dejó la escuela, convirtiéndose en aprendiz de panadero, aunque seguía practicando todos los deportes; combinaba la técnica más refinada al jugar futbol, con la resistencia más imponente en bicicleta y nado. Eso le permitió saltar al río Adda a salvar la vida de un pequeño que se ahogaba. Era Andrea Bonomi, quien luego llegaría a capitanear al AC Milán.

5 ligas de Italia con el Torino

Así que el niño que pateaba latas ya era también un héroe, mas se mantenía su urgencia de recursos. Por ello, cuando a los diecinueve años el AC Milán lo invitó a la Serie A, Valentino prefirió la propuesta del equipo de la Alfa Romeo en tercera categoría, por incluir un salario como mecánico.

Todo cambió al ser reclutado en la Segunda Guerra Mundial. Fue asignado a las tropas de Venecia y jamás entró en combate, pero sí fue captado por el club local, debutando en primera división en 1940: de mecánico a futbolista, pasando por marinero, en apenas un par de años.

Con un liderazgo natural, cuando Valentino se arremangaba el uniforme, sus compañeros sabían que era momento de atacar. Igual de espléndido al tocar la pelota con las dos piernas, lograba estar en toda la cancha: defendía con fiereza y anotaba con un golpeo de balón nunca igualado.

En el Torino sería la estrella de uno de los cuadros más inolvidables que se hayan visto. Cuando el Mundial de 1950 se planteaba como su confirmación internacional, un accidente aéreo acabó con esta historia.

El avión que trasladaba al *Grande Torino* se estrelló ante la Basílica de Superga, justo donde yacen los reyes italianos de la dinastía Saboya. Ahí murió el rey de ese futbol. Diecisiete años después, su hijo Sandro cumplió con esa asignatura familiar. Debutó en una Copa del Mundo, portando el pesado apellido del más admirado futbolista italiano de todos los tiempos. ✪

FRITZ WALTER
EL HOMBRE DEL MILAGRO

Nació el 31 de octubre de 1920
Murió el 17 de junio de 2002

Con el frío espinándole las rodillas, sin reconocer en dónde estaba, el joven Fritz Walter descendió de un camión en la frontera entre Rumania y Ucrania.

Llamado a las filas alemanas hacia el final de la Segunda Guerra Mundial, en 1945 fue capturado por el ejército soviético y el destino de ese autobús era un campamento de prisioneros en Siberia.

Muy remotos lucían sus inicios en el futbol, precipitados porque su familia tenía un restaurante vecino al club Kaiserslautern; casi tanto como aquel 1940 en el que debutó con la selección teutona con tres goles como presentación.

Tiempos bélicos en los que el seleccionador germano, Sepp Herberger, organizaba partidos para evitar que sus dirigidos fueran enviados a batalla. Uno de esos cotejos se dio en 1942 y,

Gran goleador, siendo mediocampista

aunque por entonces no lo supiera, salvaría la vida de Fritz Walter: la *Mannschaft* había enfrentado a Hungría en Budapest, con él deslumbrando en la media.

Condenado a Siberia, de escala en la brumosa frontera rumano-ucraniana, Fritz vio patear una pelota a quienes lo vigilaban y consiguió que lo integraran al juego. De pronto, un guardián húngaro le susurró las palabras más dulces: «Te conozco».

Un milagro sólo posible por varias casualidades: desde los intentos de futbol de Herberger entre bombardeos y masacre, hasta que ese soldado lo hubiese visto tres años antes y ahora lo recordara, pasando porque Walter estuvo cerca de perderse aquel compromiso en Budapest por haber contraído malaria. Días más tarde, el convoy de prisioneros continuaba hacia Siberia, ya sin la estrella que había sido indultada.

Nueve años después haría Campeón del Mundo a Alemania Federal en Suiza 1954. Caprichoso destino, el rival en la final tenía que ser Hungría, que disfrutaba de la mejor generación de su historia: una de las mayores sorpresas jamás consumadas.

Más que un título, ese día el capitán Fritz Walter, antiguo prisionero de guerra, inició el despertar alemán tras el desastre y la monstruosidad del nazismo.

Wir Sind Wieder Wer fue la frase que encapsuló ese renacer: «Somos alguien otra vez». Alguien, un país, en deuda con Walter por algo mucho más relevante que los simples goles. ⚽

NILTON SANTOS

PESCANDO TÍTULOS

Nació el 16 de mayo de 1925
Murió el 27 de noviembre de 2013

2 COPAS DEL MUNDO
en Suecia 1958 y Chile 1962
SUBCAMPEÓN DEL MUNDO
en Brasil 1950
COPA AMÉRICA EN BRASIL 1949
4 TÍTULOS CARIOCAS CON BOTAFOGO
RÉCORD DE PARTIDOS
con Botafogo (723)

La barca avanzaba por la bahía de Guanabara entre corvinas, camarones y cangrejos. Nilton remaba a la espera de que su padre mascullara algo inentendible y, en automático, frenaba. Amanecer a amanecer, así pescaban los Santos, esperando volver a casa, en la Isla del Gobernador, con las cubetas llenas de mariscos.

Al terminar su labor pesquera, corría a la cancha que había improvisado con sus amigos, sobre la playa, con porterías de palos de bambú, balón de caucho y árboles de mandarinas como línea de banda.

Llegado a los catorce años, Nilton Santos clavaba la mirada al otro lado del mar, donde estaba la Río de Janeiro de los grandes equipos, y pedía al cielo que le permitiera ser futbolista. Su madre, convencida de que para ser profesional no bastaba con su dieta limitada a pescado, complementaba con remedios tradicionales como jurubeba o hierbas untadas en el pecho.

Apodado la Enciclopedia del Futbol

Sin embargo, antes que el futbol, llegó la necesidad. Su familia no subsistía con el fruto del mar y Nilton encontró sueldo como mesero en un buque estadounidense, desplazado hasta ese punto por la Segunda Guerra Mundial. Entre un empleo y otro, lo del futbol se evaporaba.

Cuando a los veinte años hacía su servicio militar, los oficiales formaron un equipo. Cierto día lo vieron conducir la pelota y lo convirtieron en el único soldado de baja graduación en el plantel. Gracias a sus centros como extremo derecho, el coronel Honorio fue campeón goleador y, lleno de gratitud, en 1948 lo recomendó al Botafogo.

A las cinco de la mañana salió de la Ilha do Governador con destino a Río, asumiendo que si no se ganaba un sitio, se quedaría a perpetuidad alternando marcha y pesca. Horas después, le preguntaban sobre su posición en el campo. Nilton aseguró que era delantero. Refutaron: lo suyo era la lateral derecha, desde donde, profetizaron, sería Campeón del Mundo.

Pese a su muy tardío inicio, a Nilton le quedaba tiempo para ir a cuatro Mundiales y ganar dos. Tanto dominio de la cancha, como para ser apodado La Enciclopedia del Futbol.

Nunca perdió el alma ofensiva, pionero del lateral que ataca, por siempre se movió por la banda como si fueran las aguas en las que solía pescar. ⚽

JUAN ALBERTO SCHIAFFINO

PEPE, EL INCONFORME

Nació el 28 de julio de 1925
Murió el 13 de noviembre de 2002

Estaba lejos de balbucear sus primeras palabras y ese bebé uruguayo ya hallaba forma de discutir. Porque, más que llanto, lo que escuchaba su madre eran interminables argumentos.

Eso le hizo pensar que su hijo menor no tenía cara de Juan Alberto, sino de Pepe, como llaman en Uruguay a los pericos. Y como Pepe pasó a los almanaques del deporte.

Capacidad para polemizar que le seguiría por siempre, ya con los árbitros o con los dirigentes que esperaban sumisión de los jugadores, lo mismo en su país natal Uruguay que en la Italia de su abuelo en la que brilló... aunque antes había un largo camino que recorrer.

Habituado a un buen nivel de vida, gracias al empleo de su padre en el hipódromo de Montevideo y a la carnicería que abrió su abuelo al llegar de Génova, Pepe nunca pensó que el futbol le garantizaría el sustento. Por ello se dedicó a varias cosas a la par de los partiditos sobre terracería en el barrio de Pocitos: empleado en una fábrica de aluminio y en una papelería, incluso panadero.

Ganó 3 ligas de Italia

En 1943 pasó fugazmente por el Nacional, donde no le aclararon si lo aceptarían, y entonces su hermano mayor, Toto Schiaffino, se lo llevó con él al acérrimo rival, el Peñarol. El mejor futbolista uruguayo del siglo XX ya sería identificado a perpetuidad con esa casaca.

En Peñarol se encontraría con su complemento perfecto: si Obdulio Varela era temperamento y liderazgo, Schiaffino representaba el juego más estético y luminoso (como escribiera Gianni Brera: «parecía esconder linternas en sus pies»). Obdulio y Pepe tuvieron una pequeña discusión en plena final de 1950, cuando el Maracanazo parecía asunto imposible. Al ser conminado por el capitán a sudar más, el virtuoso respondió: «Yo corro, pero vos dámela al pie como te la doy yo». Instantes después la recibió al pie e igualó el partido.

El AC Milán lo convertiría en el traspaso más caro de la historia, con tal impacto en Italia que jugaría también para esa selección.

Comparado por su genialidad con Alfredo Di Stéfano, Pepe transformó en arte cada balón y en discusión cada diálogo: el Pepe intransigente de la cuna inconforme continuó. ⚽

ALFREDO DI STÉFANO

LA SAETA RUBIA

Nació el 4 de julio de 1926
Murió el 7 de julio de 2014

5 COPAS
de Campeones de Europa
CAMPEÓN DE LA COPA AMÉRICA
en 1947 con Argentina
2 VECES BALÓN DE ORO
en 1957 y 1959
13 LIGAS EN 3 PAÍSES
ANOTÓ EN CINCO FINALES
de Europa (récord)

Semejante dominio del terreno de juego, tanto como para haber sido el primer futbolista total de la historia, pudo gestarse cuando a los quince años Alfredo Di Stéfano fue retirado del colegio para trabajar en el campo.

Con quinientas hectáreas a su cargo, recibió una consigna de su padre: tratándose del hijo del patrón tenía que ser no sólo el que mejor trabajara, sino también el que más se esforzara.

Tiempo después, en el Real Madrid, no había otro patrón más que la apodada Saeta Rubia: controlando cada faceta del partido como si fuera su enorme territorio en cultivo, empeñado en ser líder tanto en sacrificio como en calidad.

¿De qué jugaba Alfredo Di Stéfano? Sería simple responder que de delantero, porque estaba en todas partes: recuperaba y desbordaba, aceleraba y pausaba, asistía y anotaba, acaso marcado por las célebres generaciones que lo precedieron. Determinado como su bisabuelo, ese general que peleó al lado de Giuseppe Garibaldi por la unificación de Italia. Incansable como su abuelo, marinero que de rutina atravesaba cada río de Sudamérica, personaje con el que jugaba futbol tras correr a

13 ligas en 3 países

diario las quince cuadras que lo separaban de su casa. Disciplinado como su padre, quien jugó brevemente en River Plate hasta que se lesionó. Amante del balón que tantas veces le fuera confiscado por la policía, cuando era sorprendido jugando a mitad de la calle en el barrio bonaerense de Barracas.

Brillaría en Argentina hasta que una huelga interrumpió el torneo de liga. Así emigró con veintitrés años al club colombiano Millonarios, donde continuó destrozando no sólo registros goleadores, sino la forma en que hasta entonces se había entendido este deporte. Finalmente, con veintisiete años pasó al Real Madrid tras una férrea controversia que definiría al Clásico español, porque el Barcelona también había hecho gestiones para quedarse con la estrella.

Di Stéfano sería la razón por la que los blancos conquistaran las primeras cinco ediciones de la Copa de Campeones de Europa: había nacido una dinastía con él como estandarte.

Lo único que le faltó fue disputar un Mundial, aunque, dada su grandeza, lo mismo puede decirse que al Mundial le faltó tener entre sus participantes al fino e incontenible todo-terreno que revolucionó el futbol, a la omnipresente Saeta. ⚽

ALCIDES EDGARDO GHIGGIA

EL SILENCIO DEL MARACANÁ

Nació el 22 de diciembre de 1926
Murió el 16 de julio de 2015

Fantasma que a cada noche vuelve a correr por esa banda, finge que centrará, dispara a puerta, marca el dos a uno uruguayo, silencia el Maracaná.

Apellido con sonido espectral, con tres g de gol, Ghiggia, Alcides Edgardo Ghiggia. Dicen en Río de Janeiro que él inventó el silencio, que su remate propició el funeral más grande que Brasil ha conocido, que los efectos de su anotación no terminarán jamás.

Su historia es extraña. Tanto, como que ese 16 de julio de 1950 Brasil no haya conquistado la Copa del Mundo en su casa, cuando se le suponía muchísimo mejor, cuando le bastaba el empate, cuando la única duda era el volumen de la goleada.

Extraña, como entender que Ghiggia medía **2 veces campeón de liga** menos de metro setenta centímetros, pero deseaba desarrollarse en basquetbol, deporte que practicaría en el Club Nacional de Montevideo. Extraña, porque su familia era tremenda aficionada al acérrimo rival, el Peñarol, y por ello le impidió acudir al llamado, frustrando su afán de canastas. Extraña como el destino: quizá desde que nació,

Alcides ya tenía trazado el camino que lo llevaría a esa banda de Maracaná para consumar el gol de la coronación uruguaya y la tragedia brasileña.

Copa del Mundo en la que anotó en sus cuatro partidos. Algo llamativo si se considera que fue rápido, hábil, pícaro… pero no en especial goleador: los cuatro tantos que festejó durante su carrera con el uniforme charrúa, todos, fueron en ese certamen de 1950.

Ya después emigraría al futbol italiano, sería gran figura de la Roma y conquistaría una Copa de Campeones de Europa con el AC Milán, tomaría la nacionalidad de sus abuelos y jugaría con la selección *Azzurra*. Intentaría ir hacia adelante, desprenderse del estigma de verdugo, ser algo más que el artífice del Maracanazo, aunque resultaría inútil.

Su fantasma seguirá corriendo por siempre esa banda, fingiendo que centra, coronando a Uruguay. Como prueba, un dato tétrico: murió el 16 de julio de 2015, en pleno aniversario del Maracanazo. ⚽

FERENC PUSKÁS
LA ESCOPETA HÚNGARA

Nació el 2 de abril de 1927
Murió el 17 de noviembre de 2006

Usar zapatos para jugar futbol era un lujo que sólo podía verse en el corazón de Budapest: en el vecino pueblo de Kispest, Feri Purczeld consideraba natural el patear balones sin calzado.

Tan bien lo hacía que a los tres años fue invitado a mostrar cómo dominaba la pelota en un partido donde su padre actuaba como defensa y las gradas lo premiaron arrojándole caramelos.

Cierta fama iniciaba y no tardaría en surgir el apodo *Öcsi*, «hermanito», aunque los desafíos continuarían en una vida de película.

A los diez años, los Purczeld se transformaban en Puskás. Ese apellido que evidenciaba su ascendencia germana era mala idea cuando se intuían tensiones de guerra con Alemania. La familia eligió Puskás, por sonar parecido y por traducirse al húngaro como «escopeta»: declaración de patriotismo y anticipo de la fuerza que el niño imprimiría a sus remates.

242 goles con el Real Madrid

Al verlo tan bajito y regordete, su padre le exigió que adquiriera velocidad. Ferenc se sometió a un reto diario: al dirigirse al colegio, sostenía carreras con el tranvía que atravesara su camino. Semana a semana fue notando cómo incrementaba en resistencia y rapidez, al tiempo que su desempeño en la cancha mejoraba notablemente.

El estallido de la Segunda Guerra Mundial hizo que escasearan los alimentos en Hungría. No obstante, Puskás sabía que estaba muy cerca de debutar y encontró una manera de conservarse sano: iba por las calles intercambiando su ropa por trozos de carne. Así, en 1943 llegó su primer cotejo en primera división con el Kispest Athlétikai, ese club que culminada la guerra se convertiría en Honved (literal, «defensor de la patria») y que sería la base de la poderosa selección de Hungría, con *Öcsi* como creador y genio táctico.

En 1956, cuando se le aclamaba como el mejor jugador del mundo, la entrada de los tanques soviéticos en Budapest lo tomó de gira con el Honved. Inicialmente, los periódicos pensaron que había sido asesinado, pero Ferenc apareció en el exilio, decidido a ya no volver.

Había subido dieciocho kilogramos y pensaba que el futbol había terminado, cuando el Real Madrid lo contrató. Muy pronto recuperó su mejor forma, iniciando una segunda edad dorada.

Por si faltaran maneras de referirse al nacido Purczeld, en España lo llamaron Pancho y la escopeta Puskás se tradujo en el apodo de Cañoncito Pum. ⚽

LADISLAO KUBALA
LA CAUSA DEL CAMP NOU

Nació el 10 de junio de 1927
Murió el 17 de mayo de 2002

JUGÓ EN 3
selecciones
GANÓ 5 COPAS EN UN AÑO
con el FC Barcelona en 1952
GANÓ 4 LIGAS CON EL FC BARCELONA
ANOTÓ 7 GOLES
en un partido de primera división
SELECCIONADOR ESPAÑOL
por 11 años entre 1969 y 1980

A ese muchacho rubio y de rostro amigable lo apodaban el Niño de la Pelota, por su capacidad para hacer malabares con el único balón que se podía permitir en Hungría: una media de su madre rellena de papeles y trapos.

Descendiente de al menos cinco países centroeuropeos actuales, a la postre portador del uniforme de tres selecciones, en un momento refugiado y en otro disidente político, es probable que la verdadera patria de Ladislao Kubala fuera el futbol.

Pateando esa esfera improvisada cerca del río Danubio, nacía una preciosista técnica individual que se iría refinando bajo el contexto más difícil, con Budapest en medio de todo en la Segunda Guerra Mundial. Precisamente en 1944, cuando el ejército soviético sitiaba a esa capital para terminar la ocupación nazi, cuando los bombardeos arreciaban, cuando la hambruna crecía, Laszi debutaba con el club Ferencváros. Tenía diecisiete años y ponía sobre la mesa de su familia más dinero que el que su padre ingresaba en varios meses como albañil emigrado de Eslovaquia.

Ganó 5 copas en un año con el Barcelona

Sin embargo, a su historia le faltaban muchos giros y complicaciones, propios de la Guerra Fría que iniciaba. Primero, la mudanza a Bratislava, donde pensaba que hallaría mejores condiciones de vida tras el conflicto bélico. Después, disfrazado de soldado y oculto en una camioneta, un escape tan secreto hacia Austria que ni a su madre avisó. En un campamento de refugiados de Italia nacería su hijo y con un equipo de refugiados jugaría para subsistir, hasta que se le permitiera asentarse en un sitio de manera formal.

Finalmente, en 1950, el FC Barcelona fue su destino. Al cabo de pocas temporadas, ese hijo de la guerra ya esculpía la primera era gloriosa blaugrana.

Sensible a perpetuidad ante el sufrimiento, cuanto húngaro tocaba a su puerta catalana, salía con dinero en las manos y algo de comer.

Su rostro continuó siendo el de antaño, de ojos azules entrecerrados y pícaros. Así se le ve hoy en una estatua ante el Camp Nou, ese estadio construido por el fervor de miles por verlo jugar. ⚽

WALDIR PEREIRA 'DIDI'

FOLHA SECA

**Nació el 8 de octubre de 1928
Murió el 12 de mayo de 2001**

CAMPEÓN DEL MUNDO
en Suecia 1958 y Chile 1962
AUTOR DEL PRIMER GOL
en el Estadió de Maracaná, en 1950
SUS MEJORES AÑOS LOS JUGÓ
en Fluminense y Botafogo
PASO BREVE POR EL REAL MADRID
en 1959

Apodado El Príncipe Etíope por su elegancia en la cancha y erguida postura, no parece fácil imaginar a Waldir Pereira vendiendo cacahuates en las esquinas de Río de Janeiro. Sucedió apenas ocho años antes de que ese mediocampista ofensivo, mejor conocido como Didí, anotara el primer gol en la historia del Estadio de Maracaná.

Mucho menos es imaginar lo que hubiera sido del futbol brasileño sin él... ¡y qué cerca estuvo de suceder!

A los catorce años recibió una fuerte patada jugando en las calles cariocas, lesión de rodilla que se infectó y casi le propició la amputación.

Por seis meses, Didí estuvo confinado a una silla de ruedas, pensando que el resto de su vida estaría más cerca de los cacahuates en cruceros de barrios bravos que del balón.

**2 veces
Campeón
del Mundo**

De ese drama nacería la revolución. Recuperado al cabo de un par de años, el todavía adolescente Waldir se dolía cada que impactaba con fuerza la pelota. Como contra todo rival, pudo más su mente. Así inventó la *folha seca*, ese disparo que imprimía tal efecto a la pelota, que de súbito caía cual hoja de un árbol, técnica practicada hoy por innumerables astros.

En el Brasil campeón mundial de 1958, Didí era algo más que el padrino de Pelé: su ídolo, su mentor, su guía. Juntos conquistarían también el título de 1962, cuando considerándosele viejo mientras su forma física era cuestionada, zanjó: «Lo que tiene que correr es el balón, no el jugador». Y, como prueba de que sudor no era igual a calidad, su uniforme: pulcro como su técnica, difícilmente se ensució en una cancha, eso quedó limitado a cuando despachaba cacahuates.

Héroe del club Botafogo, el multicampeón Real Madrid se lo llevó, pero su fuerte personalidad chocó con la de Alfredo Di Stéfano y de inmediato volvió. Las playas de Río lo agradecieron. ⚽

SÁNDOR KOCSIS

CABECITA DE ORO

Nació el 21 de septiembre de 1929
Murió el 22 de julio de 1979

Lo primero que Sándor Kocsis supo al nacer fue que tenía una tarea pendiente.

Antes de ser carpintero, su padre había sido un delantero que prometía. Enviado como soldado a la Primera Guerra Mundial, una bala en la pierna desvaneció su sueño de continuar dedicado a patear balones.

Así que entre los Kocsis se hablaba de futbol con nostalgia, como si ese deporte les adeudara algo. Su madre insistía en que esa herida le había permitido volver vivo a casa; su padre negaba, convencido de que nada era igual sin jugar.

Por ello Sándor estaba determinado a hacer de los goles su oficio. También porque su escuela era vecina al estadio del club Ferencváros. Al salir de clases observaba los entrenamientos, impresionado por György Sárosi, estrella de la selección húngara subcampeona en el Mundial de 1938.

75 goles con Hungría

Pudo ser ahí que Kocsis adquiriera las bases para transformarse en el mejor rematador de cabeza, aunque antes temió un destino similar al de su padre.

Cuando a los dieciséis años debutó en el Ferencváros, pensaba que su vida era perfecta.

Sin embargo, al convertirse en mayor de edad, el ejército lo llamó a filas.

Poco tardó en comprender: esa convocatoria no implicaba fusil alguno, sino firmar con el club Honvéd, manejado por la armada húngara. Con el pretexto del servicio militar, en ese equipo se estaba reuniendo la columna vertebral de la selección.

Dos años después, con Kocsis y varios cracks del Honvéd como Ferenc Puskás, Hungría ya era el mejor representativo del planeta. Medalla de oro en los Olímpicos de Helsinki 1952 y en cuarenta y nueve partidos una sola derrota: su cotejo más importante, la final del Mundial de Suiza 1954.

En 1956, los tanques soviéticos entraban a Budapest y Kocsis huía primero a Suiza, para más tarde ser contratado por el FC Barcelona.

Con el uniforme blaugrana se confirmaría como el mayor especialista en juego aéreo. Cabeza de Oro, lo apodaron, sin entender cómo se mantenía arriba esperando la pelota, cómo su frente impactaba con tanta fuerza el balón.

A cada salto, quizá, la revancha por la carrera de su padre cortada en la Primera Guerra Mundial; ese padre nostálgico por el futbol, ese hijo nostálgico por la tierra que debió dejar. ⚽

LEV IVÁNOVICH
YASHIN
LA ARAÑA NEGRA

Nació el 22 de octubre de 1929
Murió el 20 de marzo de 1990

CAMPEÓN DE LA EUROCOPA
de Francia 1960, con la URSS

MEDALLA DE ORO
en los Juegos Olímpicos de Melbourne 1956

5 LIGAS RUSAS CON DYNAMO DE MOSCÚ

BALÓN DE ORO EN 1963

151 PENALES ATAJADOS
y 270 partidos sin recibir gol

No había tiempo para empacar. El ejército nazi estaba a setenta kilómetros de Moscú y, como numerosas familias, los Yashin recibían el aviso de evacuación. Nadie les dijo que irían hasta la fría Uliánovsk, ciudad 890 kilómetros al oeste de la capital soviética, cuyo nombre jamás habían escuchado.

«Mi infancia terminó a los once años», admitiría después. Imposible ser niño cuando ya se trabaja en una fábrica de armamento, cuando el único tema de conversación es la guerra, cuando se hace fila para adquirir una mínima ración de pan y se ve el azúcar como un extraño lujo.

Eso influyó para que Lev Ivánovich decidiera ser guardameta. Mientras se acercaban los tanques invasores a su casa en Moscú, mientras se mudaba con su padre y madrastra a Uliánovsk, mientras convertía en vecinos a otros muchachos en idéntica situación de desarraigo, Lyova (llamado así por su diminutivo) se enamoró del heroísmo de pararse entre los postes.

Balón de Oro en 1963

En poemas y películas rusos, el portero era planteado como metáfora de la última barrera de resguardo del país: si cada ciudadano sovié-tico transformaba la frontera en su línea de meta y repelía al enemigo como el portero con los balones, la URSS triunfaría.

Tres años después, Lyova regresaba a Moscú y de inmediato era destinado a trabajar en una fábrica, con tan buena suerte que a un costado había una cancha. Ahí jugaba futbol entre turno y turno. Césped donde el club Dynamo de Moscú lo detectó, y ya nunca lo soltó… aunque a la historia le faltaba más drama.

Ese Yashin que pasaría a la historia como máximo símbolo de seguridad y serenidad, padeció crisis nerviosas que hicieron dudar no sólo que pudiera cubrir la posición más comprometedora, sino incluso que sirviera para otro empleo. En 1953, uno de esos episodios derivó en que dejara el césped y, en tratamiento psicológico, defendiera una meta de hockey sobre hielo.

Nervios que desaparecerían a perpetuidad, con Lev Ivánovich como único arquero que ha recibido el Balón de Oro, como gran revolucionario de lo que delante de las redes se debe hacer, como ícono del futbol, con su uniforme negro y boina, con su liderazgo e imponente presencia.

Tras Yashin, tras ese Lyova evacuado de Moscú, ser portero ya fue por siempre un oficio diferente. ⚽

CCCP

RAYMOND
KOPA
DE LA MINA AL FUTBOL CHAMPAGNE

Nació el 13 de octubre de 1931
Murió el 3 de marzo de 2017

3 COPAS DE CAMPEONES
con el Real Madrid en 1957, 1958 y 1959
TERCER LUGAR EN SUECIA 1958
SEMIFINALISTA
de la Eurocopa de Francia 1960
4 LIGAS DE FRANCIA
con Stade de Reims en 1953, 1955, 1960 y 1962
BALÓN DE ORO EN 1958

Una familia sentenciada a trabajar en las crueles minas de carbón y sin otra opción: el único empleo que en los años cuarenta se ofrecía a un polaco en el norte de Francia era, muchos metros bajo tierra, como minero.

Los abuelos de Ray Kopaszewski habían emigrado a Francia al concluir la Primera Guerra Mundial. Doce años después, el futuro crack nació destinado a ese oficio que tenía tosiendo permanentemente a su padre, en el que comenzaba a diario a las cuatro de la madrugada y donde, además, existía riesgo de explosiones y accidentes.

Raymond odiaba las minas, pero las veía como algo inevitable. Junto con su hermano inició ese camino, al comprobar que no lo contrataban como electricista. Más difícil, incluso, con su escasa preparación, por haber sido criado en idioma polaco y sufrir al estudiar en francés.

Balón de Oro en 1958

Con sus amigos, descendientes de polacos, fundó un equipo callejero que jugaba con pelotas de trapo. Eso funcionó hasta que, en plena Segunda Guerra Mundial, el ejército nazi tomó su pueblo, apropiándose de su cancha. Como venganza, los muchachos robaron un balón de cuero a los soldados invasores.

Terminada la confrontación, se integró a la mina, con la misión de desplazar pesados vagones. No pasaba de los dieciséis años, cuando una roca cayó sobre su mano izquierda, obligando a la inmediata amputación de un dedo.

Si hasta antes estaba convencido de que debía dejar las minas, entonces comprendió que el futbol era su boleto de huida. Cuando a los dieciocho años el Angers de segunda división le puso sobre la mesa un contrato que incluía un puesto como electricista, corrió a firmarlo.

Sólo al ver la calidad de sus dribles y lo imposible que era despojarlo del balón, le prohibieron hacer algo que no fuera futbol: la primera gran estrella del futbol francés empezaba a relucir. Su entrenador decretó que el Kopaszewski quedaría en Kopa y le evitó muchas discriminaciones.

Finalmente, a los veinte años el club Stade de Reims se topó con lo que entraría en la historia como «futbol champagne» y se lo quedó. Un año después, tan joven y ya minero retirado, estaba en la selección. Cada que vio su mano izquierda incompleta, recordó el mundo del que su genio futbolístico lo había salvado. ⚽

JUST FONTAINE
HOMBRE DEL RÉCORD

CAMPEÓN DE GOLEO EN MUNDIAL
Suecia 1958 con 13 goles

BALÓN DE BRONCE EN 1958

SUBCAMPEÓN COPA DE CAMPEONES
de Europa 1959

4 LIGAS FRANCESAS
con Reims y Niza

PROMEDIO DE 0.90 GOLES POR PARTIDO

Nació el 18 de agosto de 1933

Según como sonara su nombre cuando jugaba en su natal Marrakech en Marruecos, ese niño Fontaine sabía quién lo buscaba: Justo, le llamaba su madre española, aplaudiéndole la cuota de goles del día; Just, le decía su padre francés, reprendiéndolo por continuar empeñado en jugar futbol.

Más interesante que el nombre en dos idiomas, era la inusual frecuencia con la que anotaba en la adolescencia, ¡tres veces por partido!, e incluso, más extraño, que apenas reaccionaba tras encontrar la red: quizá por hacerlo tan seguido, era lo más normal en su vida, era su rutina; ni bailes, ni festejos, ni gritos, apenas asegurarse de que el balón estuviera dentro y volver a la mitad del campo.

Eso nunca cambiaría: ni la contundencia, ni la tranquilidad al saberse autor de un nuevo gol.

13 goles en la Copa Mundial de 1958

Pese a las presiones de su padre, que le escondía el balón e insistía en verlo dedicado a un trabajo de oficina, se convirtió en jugador profesional y mantuvo registros tremendos.

En Francia supieron de él y con veinte años lo contrataron. Como no paraba de realizar goles, los *bleus* llevaron a ese muchacho mitad español y nacido en Marruecos al Mundial de Suecia 1958.

A poco del debut, el pánico: uno de sus zapatos para jugar estaba inservible. Just se probó los de varios compañeros suplentes, hasta que halló unos que más o menos le acomodaban. Con ese par, devuelto a su dueño tras el torneo, haría historia: trece goles en seis partidos mundialistas, de las marcas del deporte que más difícilmente se alcanzarán.

Dada su juventud, Chile 1962 tenía que ser su consagración, pero una grave lesión lo impidió. El hombre al que se le desbordaban los goles de los bolsillos, el que no festejaba por entender que anotar no era más que su trabajo, el del récord imposible, se tuvo que retirar con escasos veintiocho años. Just, por siempre lo llamó la prensa, recordando su mágico 1958 con Francia.

Justo, siempre se hizo llamar él, recordando la dulce voz de su madre, emocionada con sus goles en los partiditos en el desierto de Marrakech. ⚽

FRANCISCO GENTO
LA GALERNA DEL CANTÁBRICO

Nació el 21 de octubre de 1933
Murió el 21 de mayo de 1971

6 COPAS DE CAMPEONES DE EUROPA

12 LIGAS
con el Real Madrid

JUGÓ 2 MUNDIALES CON ESPAÑA
en Chile 1962 e Inglaterra 1966

GANADOR EUROCOPA
1964 con España

E ntre los sembradíos de maíz y las vacas que pastaban, los tres hermanos Gento solían organizar una carrera. Visto que Francisco siempre ganaba con facilidad, a cada día incrementaban metros de ventaja para los otros dos competidores; como sea, Paco siempre los alcanzaba y se imponía.

Su padre, chofer de camión, los tenía encargados del cuidado del ganado, único patrimonio de esa familia en el pueblo cántabro de Guarnizo. Durante sus travesías por carretera y largas ausencias, don Antonio Gento no podía sospechar que en esas hectáreas se cultivaba también el futbol.

Tanta velocidad, complementada con un espléndido trato al balón, hicieron que Paco iniciara trayectoria en ese deporte.

A los diecisiete años superó su primera

12 ligas con el Real Madrid

gran prueba sin saberlo: enfrentó a los juveniles del Racing de Santander y fue contratado por el rival en cuanto terminó el encuentro. Un año más tarde se integró al equipo mayor y, otra vez, sin tener la menor noción, le llegó un desafío: tras apenas ocho partidos en primera divi-

sión, visitó al Real Madrid. Cómo habrá brillado ese día en la capital española, que el presidente Santiago Bernabéu dejó su palco decidido a firmarlo.

Los merengues recibían al que sería el futbolista más laureado de su historia, al complemento perfecto de Alfredo Di Stéfano, al alma española de su Edad de Oro, al único jugador que ha levantado seis Copas de Campeones de Europa.

Humilde y trabajador, generoso e impecable en los centros al área, tormento de los defensas, esas carreras que iniciaron en los sembradíos de Guarnizo y que culminaban ante las vacas, se parecieron en algo a las que por dieciocho temporadas efectuó en el estadio Bernabéu: sin importar cuántos metros de ventaja tomara el rival, siempre ganaba la apodada Galerna del Cantábrico.

Galerna, como esas ráfagas de viento que sacuden los mares de su tierra natal. Galerna incontenible en su acelerar y en su súbito frenar. Galerna que azotó a Europa cuando nacía su torneo bandera. ⚽

MANÉ DOS SANTOS 'GARRINCHA'

LA ALEGRÍA DEL FUTBOL

2 COPAS DEL MUNDO
en Suecia 1958 y en Chile 1962

CAMPEÓN DE GOLEO
en el Mundial de Chile 1962, con 4 goles

EN 60 PARTIDOS
con Brasil tuvo una sola derrota

Nació el 28 de octubre de 1933
Murió el 20 de enero de 1983

Por ser tan pequeñito y libre, antes de cumplir cuatro años Mané recibió un apodo de su hermana mayor: Garrincha, como el nombre de esos pobres pájaros a los que, travieso desde siempre, el niño lanzaba piedras.

Libre de todo, resultaba imposible enjaular a la criatura más inquieta del pueblo de Pau Grande. Libre de las limitaciones físicas, pese a haber nacido con una pierna seis centímetros más larga que la otra y las dos encorvadas hacia la izquierda, como si fueran de plastilina y alguien las hubiera doblado. Libre del diagnóstico de los médicos, que veían inviable que siquiera corriera. Libre de lágrimas, por mucho que su hogar enfrentara tantísimas carencias y su padre tuviera problemas de adicción al alcohol.

La única restricción para ese niño criado casi en soledad en plena naturaleza, ajeno a toda disciplina, era un río. El río Inhomirim, utilizado como línea de banda en la polvosa cancha de Pau Grande; y es que si el balón caía al agua era un lío recuperarlo, de ahí que Mané se convirtiera en experto en aferrarlo a sus pies, en esconderlo de las barridas enemigas, en

3 campeonatos cariocas

la gambeta. Eso, además de la cantidad de hoyos en ese campo, lo acostumbró a inventar dribles y recortes en los espacios más reducidos: a falta de un entrenador, su escuela fue el lodo.

La maestría iniciada pateando una calceta rellena de papel arrugado y calzando zapatos apenas a los ocho años, se multiplicó en cuanto estableció contacto con su primera esfera de cuero.

Cuando alcanzó los catorce años fue empleado por una procesadora de algodón. Faltaba con frecuencia, se dormía a media jornada, pero todo ahí se le era perdonado: bastaba con que jugara para el Esporte Clube Pao Grande, del que su jefe era directivo, para que incluso le aumentaran el sueldo.

Enamorado de eludir rivales más que de ganar partidos, del futbol sólo esperaba que le permitiera continuar cobrando en la fábrica sin trabajar. Eso cambió en 1953, cuando el Botafogo lo vio surcar la banda. Un día después, Mané realizó unas pruebas en las que humilló al mejor defensor de Brasil, Nilton Santos.

De inmediato fue ídolo nacional. Lo apodaron El ángel de las piernas torcidas. Se reverenció su don para bailar a todo marcador. Coronado en Suecia 1958, su auge duraría poco: Mané murió joven y pobre, víctima del mismo alcohol que acabó con su papá.

Amor como el que le tuvo Brasil, nunca se repetirá. ⊕

EDVALDO IZIDIO NETO

'VAVÁ'

EL LEÓN DEL MUNDIAL

Nació el 12 de noviembre de 1934
Murió el 19 de enero de 2002

2 COPAS DEL MUNDO
en Suecia 1958 y Chile 1962

3 CAMPEONATOS CARIOCAS
con Vasco da Gama, en 1952, 1956 y 1958

2 TORNEOS DE COPA
con Atlético de Madrid, en 1960 y 1961

CAMPEÓN DE LIGA Y COPA
con América de México en 1965

PRIMER JUGADOR
que anotó en dos finales de Mundial

Un sello diferente quedaba impreso cada que ese fibroso mediocampista corría por el balón.

Su postura no era elegante, su ritmo no parecía musicalizado con bossanova, su técnica era buena, aunque de ninguna forma como la que presumirían los grandes futbolistas brasileños entre los que de adulto destacaría.

Sin embargo, en esos partiditos improvisados en las playas de Recife o pegados a la pernambucana Laguna de los Gatos, ya sabían que el único que no dejaba de correr un instante, que el único que jamás rehuía a un choque, que el único que de verdad no temía a nada, era Edvaldo Izidio Neto, inmortalizado después como Vavá.

No parecía tener demasiado cuerpo, pero cada que algún mayor pensaba que lo sometería endureciendo la pierna o atravesando el cuerpo en su camino, acababa tan arrepentido como dolorido. ¿De qué material estaba hecho Vavá? Sus compañeros lo apodaron *O Peito de Aço*, Pecho de acero.

2 Copas del Mundo

Con ese estilo, atrevido e impetuoso, el Sport Recife lo puso a jugar cuando no superaba los quince años. Por entonces, sus rivales temían lastimarlo, sólo para sorprenderse al ver que el muchacho de pinta quebradiza los había doblado.

Esa fama de superhombre lo llevó hasta el club Vasco da Gama. Ahí, su entrenador reflexionó: ¿qué pasaría si corría con esa fortaleza unos metros por delante y más cerca de la portería? Así nació Vavá como tormento de los defensas y prodigio del gol.

Como Pelé y Garrincha, fue al Mundial de 1958 en calidad de suplente. Y como sus dos inolvidables compañeros de delantera, terminó siendo fundamental para la corona, repetida cuatro años después, de nuevo con Vavá en rol estelar y como goleador en la final.

Salía de la cancha y se convertía en el más callado, humilde, trabajador, haciendo reír a sus compañeros ya sin la pieza postiza con la que cubría un vacío en su dentadura; volvía al terreno de juego y experimentaba un renacer felino por el que también se le conocería como *Leão da Copa* o León del Mundial.

Un león que tenía buen manejo de balón con las dos piernas. No obstante, en su rugido al correr hacia el área, estaba la firma de sus obras. ⚽

ENRIQUE OMAR SÍVORI

GAMBETA A GAMBETA

Nació el 2 de octubre de 1935
Murió el 17 de febrero de 2005

Como si estuviera marcado por el nombre de su primer equipo, el club Teatro Municipal, Enrique Omar siempre entendió el futbol como espectáculo.

La cancha era su escenario y los rivales meros actores de reparto, para que ese virtuoso deleitara a las tribunas, transformara cada balón en pintura y diera una buena razón a los aficionados para ir al estadio.

Muy pronto huérfano de padre, encontró en la calle tanto su escuela de vida como de futbol. Así pasaba los días gambeteando en el pueblo argentino de San Nicolás de los Arroyos y haciendo corajes cuando no se le entregaba la pelota. Tiempos en los que pensaba que eso de vestir el uniforme de uno de los grandes cuadros de Buenos Aires, sólo era posible en sueños.

Balón de Oro en 1961

Cierta tarde, el legendario Renato Cesarini pasó por el baldío en el que ese chaparrito de medias caídas y cabellera abultada, lucía empecinado en pasar el balón por debajo de las piernas de todos los jugadores.

Lo invitó a que se probara con River Plate, aunque en la jornada esperada, nada le resultó.

Omar ya se iba de vuelta a San Nicolás, cuando Cesarini, quizás identificado con él por ser ambos ítalo-argentinos, insistió en que regresara para mostrar de lo que era capaz. A la segunda oportunidad, Sívori ya fue el mejor.

El futbol profesional le dio una mejor vida, al fin se olvidó del hambre, pero su juego no cambió: rebelde y retador, obstinado en divertirse, renuente a utilizar espinilleras, era un incendio en desempeño y reclamos. Un mago que desaparecía la pelota, que bordaba ornamentos al conducir, que nunca dejó atrás la picardía del barrio.

Con veintiún años, Argentina lo alineó en una delantera que sería conocida como la de los «carasucias» y Sívori, con su metro con sesenta y tres centímetros de estatura y su mágica zurda, le dio una Copa América.

Ya era un ídolo nacional cuando Cesarini volvió. Esta vez había recomendado a la Juventus que rompiera el récord del fichaje más caro de la historia a cambio de él.

Quienes en Turín se preguntaron si ese argentino podía valer tanto, recibieron la primera respuesta como túnel; la segunda llegó en 1961 al otorgársele el Balón de Oro. ⚽

ORESTES OMAR CORBATTA

EL LOCO DE RACING

Nació el 11 de marzo de 1936
Murió el 6 de diciembre de 1991

2 COPAS AMÉRICA
en 1957 y 1959

3 GOLES EN 3 PARTIDOS
en su único Mundial, Suecia 1958

2 LIGAS DE ARGENTINA
con Racing 1958 y 1961

2 LIGAS DE ARGENTINA
con Boca Juniors, en 1964 y 1965

TAMBIÉN JUGÓ PARA
Independiente de Medellín

Quizás aquel funcionario que se equivocó al registrar a Oreste Osmar, desplazando la S para dejarlo en Orestes Omar, le regaló un par de atributos: que como ilusionista movería el balón en un eterno serpenteo, como la S en su acta, sin que existiera quién pudiera quitárselo; que dibujando una tras otra S por la cancha jugaría en adelante uno de los futbolistas más danzarines de todos los tiempos.

Habiendo interrumpido la primaria en el segundo año, a él le daba lo mismo cómo se escribiera: nunca supo leer, aunque lo disimulaba caminando con un periódico bajo el brazo.

Sí sabía, desde un principio y sin que nadie le enseñara, cómo ir y venir por la banda inventando dribles. También, cómo tratar al balón, con una clave que repetía: se le acaricia con el pie,

2 Copas América

se le toca con amor, se le pisa con cariño. Y todas las acrobacias posibles, tal como cuando, ya apodado Cusa por su minúsculo tamaño, solía enredarse y desenredarse de postes en su pueblo.

Su padre, que había emigrado de Italia pensando que en Argentina la riqueza sería automática, murió pronto. Con tan escasos recursos como

educación, los Corbatta se mudaron para subsistir. Así llegaron a La Plata, cuyas calles y plazas serían escenario del circo de Orestes: malabares y filigranas, su pillería no tenía límite.

Sonrisa traviesa, uniforme mal fajado, calcetas caídas, como niño de barrio comenzó a jugar y como niño de barrio continuó, ya como ídolo de la selección. De pocas palabras y nula disciplina fuera de la cancha, en cuanto arrancaba el partido eludía rivales de la forma más inverosímil, enviaba centros perfectos al área, exasperaba a sus marcadores. Tan mal los hacía ver, que muchas veces fue golpeado en venganza por sus gambetas, perdiendo un par de dientes en un clásico contra Uruguay.

La afición del Racing cantaba cada que Corbatta obsequiaba una nueva magia: «¡Loooocoooo! ¡Loooocoooo!». Ese club que lo adquirió a cambio de unos uniformes y en cuya sala de utilería llegó a dormir. Esa institución que, con su venta a Boca, pudo ampliar su estadio, aunque para entonces ya no había la misma necesidad de tantos asientos: las locuras en S, en decadencia por los vicios del crack, se habían terminado. ⚽

UWE SEELER

ALMA DE HAMBURGO

Nació el 5 de noviembre de 1936

Ante los contenedores, desplazados por inmensas grúas, se sentía incluso más pequeño.

Al girar la mirada hacia algún barco que atravesaba el río Elba, los ojos de Uwe se escondían en ese rostro rosado y redondo, pleno en mejillas y papada. Sólo lo sacaba de la ensoñación la enérgica voz de su padre, Erwin Seeler, respetado como trabajador de ese puerto y como exfutbolista.

Hamburgo había sido una de las ciudades más bombardeadas en la recién concluida Segunda Guerra Mundial. Por ello, era difícil encontrar espacios abiertos para practicar futbol.

Así caminaba, entre canales y escombros, un grupo de niños encabezado por Uwe. Él cargaba la pelota no sólo por ser el goleador, sino también por lo que su apellido representaba: su abuelo, carpin-

Liga con Hamburgo en 1960

tero en el puerto; su padre, estrella de aquel equipo obrero que se negó a cobrar premios al coronarse en 1929, año de la gran crisis alemana; su madre, una nadadora con valentía para dar brazadas en el bravísimo Elba; su hermano mayor, futbolista profesional.

Quien se atreviera a llamarlo gordo, no tardaba en arrepentirse: su apariencia robusta contrastaba con su fortaleza, habilidad y velocidad, con su don para meter gol.

En 1949, apenas tres años después de que Uwe buscara terrenos para armar un partidito y cuando ya trabajaba en el puerto, el seleccionador alemán halagó a su hermano Dieter, a lo que su madre respondió que esperara a ver al menor de los Seeler… y así fue: para 1954, antes de cumplir dieciocho años, Uwe ya promediaba un gol por partido con el club Hamburgo SV en primera división.

El futbol italiano ofreció muchísimo dinero por él, sembrando alarma hasta en la universidad hamburguesa: si se marchaba el hijo prodigio de la ciudad, daría un mal mensaje a los jóvenes tan necesarios para la reconstrucción del país.

Quizá recordando aquel equipo obrero prohibido por el nazismo, donde brillaba sin sueldo su padre, Uwe se quedó y desde entonces fue llamado *Uns Uwe*, «Nuestro Uwe».

Uno de los mejores rematadores de cabeza, aquellos ojos que empequeñecieran al escrutar barcos en el Elba, ahora se entrecerraban al medir un centro al área. Quien se atrevió a considerarlo gordo terminó sacando el balón de sus redes. ⚽

BOBBY CHARLTON
CABALLERO DEL GOL

Nació el 11 de octubre de 1937

CAMPEÓN DEL MUNDO
en Inglaterra 1966
BALÓN DE ORO EN 1966
4 VECES MUNDIALISTA EN SUECIA 1958,
Chile 1962, Inglaterra 1966 y México 1970
1 COPA DE CAMPEONES DE EUROPA
en 1968, con Manchester United
EN 1994 RECIBIÓ
el título nobiliario de Sir

Quizá el único punto de las islas británicas en el que no se sabía lo que había sucedido en el estadio de Wembley esa noche del veintiséis de julio de 1966, era un kilómetro bajo tierra, en esa mina de hierro, en el pueblo de Ashington.

De ahí salió agotado y serio el minero Robert Charlton, sin preocupación por preguntar lo que había acontecido en el futbol. Pronto, sus colegas lo jalonearon: Inglaterra había calificado a la final del Mundial, derrotando a Portugal, con su hijo Bobby anotando los dos goles y su hijo Jack firme en la defensa.

De hecho, Jack había trabajado en la mina con él, algo habitual para la mayoría de los habitantes de esa pequeña localidad del noreste del país. Bobby, quien compartiría cama y luego título mundial con el altísimo Jack, se había salvado de esa labor al destacar muy pronto en el futbol.

Balón de Oro en Inglaterra 1966

No era una familia común la de los Charlton, descendientes por lado materno de los Milburn: alcurnia del balón, compuesta por al menos ocho futbolistas profesionales. La provincia inglesa como alguna vez fue, se cuenta que para que ese minero pudiera casarse con una Milburn debió ganarse el anillo y el derecho en una pelea de box.

El asunto es que Tanner Milburn, exportero y abuelo de Bobby, detectó sus cualidades y se ocupó de que no perdiera el tiempo en la mina. Cuánta razón tuvo, que a los catorce años esa joya era disputada por el Newcastle, equipo de sus amores, y Manchester United, donde terminaría tras las gestiones de un cazatalentos que lo vio en un partido colegial.

Todavía Bobby superaría dos obstáculos de muy diferente proporción. Alternaría dos años de servicio militar con los entrenamientos en los *Red Devils*. Y sobreviviría al desastre aéreo de 1958, donde murieron ocho jugadores del United, cuando el guardameta Harry Gregg lo sacó desmayado de las explosiones, dando por hecho que el futuro Campeón del Mundo había fallecido.

Jugando con niños en las calles de Ashington, Bobby se recuperó de sus lesiones. A los cuatro meses viajaba como suplente al Mundial de Suecia 1958 y aceleraba una carrera que marcaría el mayor momento futbolístico para la tierra que inventó ese deporte… aunque esa noche su padre no tuviera la mente en Wembley, sino en los yacimientos de hierro. ✪

EDSON ARANTES DO NASCIMENTO 'PELÉ'

SU MAJESTAD

Nació el 23 de octubre de 1940

La discusión subió, hasta que las autoridades de Bauru concluyeron: ese muchacho al que en su familia llamaban Dico y que ya tomaba fama como Pelé, sólo podía jugar como portero o defensa. Si pasaba de la media cancha, se sancionaría falta en su contra.

Tan inaudita medida buscaba igualar un torneo de antemano definido, con jornadas en las que Edson anotaba hasta ocho goles. Lo mismo actuando desde la retaguardia, el adolescente Pelé se coronó.

Su familia llegó al pueblo paulista de Bauru cuando el futuro rey del balón tenía cuatro años. Detrás quedaba la localidad mineira de Tres Coraçoes, nombre que acaso presagiaba sus tres cetros mundiales. Ahí nació Pelé y, literal, se hizo la luz: como por esos días se instalaba la electricidad, su madre pensó en bautizarlo Edison por el gran inventor, derivando en Edson.

12 goles en Mundiales

Con la carrera futbolística de su padre, Dondinho, imposibilitada por las lesiones, el porvenir era oscuro: casa con ladrillos de segunda mano, pasos sin calzado y torsos sin camisa, pan con plátano como único alimento, venta de cacahuates robados de un vagón para comprar su primer balón… y Pelé ya a los siete años buscando a quién lustrar los zapatos en Bauru.

Riéndose de las inocultables carencias, su primer equipo se denominó «los descalzos». Épocas de pies desnudos y el mayor reto: mientras que escuchaba en una radio que Brasil perdía la final del Mundial de Brasil 1950, aseguró llorando que él concedería ese título a su país.

A los doce años, el mundialista Waldemir de Brito lo vio jugar y aseguró que jamás existiría talento similar. Año con año volvió a Bauru para darle seguimiento, hasta que en 1955 anunció que el Santos lo quería.

Edson viajó con su padre, estando cerca de bajar del tren antes de la salida: no se había alejado y ya lo destrozaba la nostalgia.

En Santos continuaron los pesares. Dos veces fue interceptado, maleta en mano, listo para dejar el futbol y volver a su pueblo. Al tiempo, su entrenador se limitaba a una indicación: que comiera mucho y bien, porque su desnutrición era evidente.

A los diecisiete años no sólo era campeón de Mundo, sino el rey del futbol. Ya hubieran querido en Suecia 1958 imponer una norma como la de Bauru: que el genio de Tres Coraçoes no superara la línea central. ☻

BOBBY MOORE
DEFENSA IMPERIAL

Nació el 12 de abril de 1941
Murió el 24 de febrero de 1993

Cuando Bobby Moore se acercaba a la reina Isabel II como capitán Campeón del Mundo tras la final de Inglaterra 1966, nadie podía saber lo que menos de dos años antes había sufrido.

Escalón a escalón de Wembley se le veía tan sereno y flemático como cuando despojaba a los rivales del balón con esa barrida consistente en apoyar una rodilla sobre el césped y estirar precisa la otra pierna. Avanzaba ya ante el palco de honor con una preocupación: limpiarse las manos con lo que pudiera para no ensuciar los guantes blancos de la reina al saludarla; de último instante, se quitó el lodo con el mantel del presídium que iniciaba.

Inglaterra estaba hipnotizada por su aura aristocrática –de especial simbolismo por sus orígenes en una familia de clase trabajadora en el este de Londres–, por su juego de posición erguida –difícil relacionarlo con el futbol entre fábricas donde comenzó–, por su desempeño alejado de la rudeza habitual de los defensas –Pelé lo destacaría como el zaguero más honesto e intuitivo que enfrentó–, por su liderazgo tranquilo e incontestable, como si de un

Balón de Plata en México 1970

almirante Nelson contemporáneo se tratara.

Diecinueve meses antes, el cáncer lo había obligado a la extirpación de un testículo. Durante cien días no pudo entrenar, sin que nadie, ni la opinión pública ni sus propios compañeros, conocieran la naturaleza de su misteriosa lesión: ni rodilla ni tobillo, el capitán Bobby sufrió en privado y venció en secreto su primer duelo contra la atroz enfermedad, noches de llorar escondido por el futbol que se le iba con la vida.

Una vez retirado, el cáncer volvió de una forma más despiadada. En 1993 fallecía la mayor leyenda del West Ham Football Club y la selección inglesa. Sin embargo, todavía faltaba mucho tiempo para que se dimensionara a lo que se había sobrepuesto en noviembre de 1964, sin que nadie lo notara, muy poco antes de alzar el título. Fue en plenos dosmil cuando se hizo público lo acontecido.

Bajo su estatua, que da acceso al estadio de Wembley, pueden leerse palabras más propias de un héroe de guerra que de un deportista: «Futbolista inmaculado. Defensa imperial. Tesoro nacional. Lord del juego. Capitán extraordinario. Caballero de todos los tiempos». ⚽

EUSÉBIO
DA SILVA FERREIRA
LA PANTERA NEGRA

Nació el 25 de enero de 1942
Murió el 5 de enero de 2014

SEMIFINALISTA
en Inglaterra 1966 con selección portuguesa
CAMPEÓN DE GOLEO MUNDIAL
de Inglaterra 1966 (9 goles)
COPA DE CAMPEONES DE EUROPA
con Benfica en 1962
BALÓN DE ORO
en 1965
MÁS DE UN GOL POR PARTIDO CON BENFICA
durante 15 años, entre 1960 y 1975

Remates descalzos y feroces: desde sus primeros días en los que pateaba esferas hechas de desperdicios, desde sus partidos sobre calles de tierra en las que corría el drenaje abierto, desde su infancia en el barrio mozambiqueño de Mafalala, el pie de Eusebio parecía creado para golpear el balón.

Desde entonces, también, el rostro melancólico. Quizá por los millones de africanos que, a diferencia de sus abuelos, durante los siglos anteriores fueron esclavizados y desplazados a otro continente. Quizá por el África conquistada, él todavía habitante de una colonia… por ende, jugador de Portugal, con su padre angoleño, con su madre mozambiqueña, con su nacimiento en la entonces Lourenço Marques, actual ciudad de Maputo.

El sueño de Eusebio era ingresar al club Esportivo LM por estar afiliado a su amado Benfica. Sin embargo, a los quince años fue rechazado, surgiendo el interés del Sporting local, a su vez vinculado con el acérrimo rival benfiquista, el Sporting de Lisboa, al que en Mozambique consideraban racista.

15 años con Benfica

Cumplió los diecisiete años adorado en Mafalala (lo apodaban Magagaga por su magia), mas sin saber dónde iniciaría como profesional. Dudas que crecieron cuando un futbolista brasileño lo vio jugar y quiso llevárselo hasta el lejanísimo Sao Paulo; increíblemente, el cuadro brasileño no se interesó, así que al encontrarse en la barbería con Bela Guttmann, entrenador del Benfica, el jugador paulista le contó sobre ese fenómeno que había conocido en Mozambique.

Sólo contemplarlo en acción, Guttman empezó a gritar: «¡Oro! ¡Oro! ¡Oro!». Temeroso de que el Sporting se lo arrebatara, encerró a Eusebio en un hotel y, para más misterio, lo registró con el pseudónimo Ruth Maloso.

A partir de ese momento, todo sucedió tan rápido como cuando el delantero aceleraba (hacía los cien metros en once segundos, suficientes para participar en los Juegos Olímpicos de 1960). Su brillo en el Benfica desató ofertas millonarias desde el extranjero, pero la dictadura portuguesa lo retuvo. En épocas en las que el resto de las colonias africanas se independizaban, temían que sin Eusebio en Lisboa, pronto Angola y Mozambique siguieran el mismo camino como finalmente aconteció. ⚽

DINO ZOFF

EL CAMPEÓN CUARENTAÑERO

CAMPEÓN DEL MUNDO
con Italia en España 1982
CAMPEÓN DE LA EUROCOPA
en 1968
6 LIGAS DE ITALIA
con la Juventus, entre 1972 y 1982
BALÓN DE PLATA EN 1973
FUTBOLISTA MÁS VETERANO
que ha jugado una final de Mundial

Nació el 28 de febrero de 1942

A escasos quince kilómetros de territorio esloveno, existió una Italia tan diferente a la que nos solemos imaginar, que todavía en parte del siglo xx la aldea de Mariano del Friuli perteneció al Imperio austrohúngaro.

Una Italia de más disciplina que palabras, sin tiempo para distraerse en bromas o alardes, donde el apellido germánico Zoff revelaba el vínculo foráneo.

Ahí, ante su padre agricultor, Dino aprendió que el trabajo no era lo primero, sino lo único.

El camino de ese muchacho, nacido entre las privaciones de la Segunda Guerra Mundial y cuando ningún friulano entendía a qué país pertenecería, estuvo marcado por el empeño.

Dino tenía dos anhelos: ser ciclista de ruta, como su ídolo Fausto Coppi, o convertirse en guardameta. De entrada, su corta estatura parecía mucho más adecuada para lo primero que para lo segundo. A eso se añadía que, desde muy temprana edad, se había capacitado como mecánico, ante la exigencia familiar de que dominara un oficio ajeno al deporte.

6 Ligas de Italia con la Juventus

Sin embargo, sus reflejos eran tan notables a los catorce años, que varios equipos lo quisieron contratar, descartándolo al comprobar que ni siquiera llegaba al metro con cincuenta centímetros de altura. Al enterarse, su abuela Adelaida le impuso una particular dieta: comer ocho huevos a diario. Sea que eso haya influido o no, pero en poco tiempo Dino creció hasta el metro con ochenta y dos centímetros.

Continuó reparando coches, aunque ya recibió oportunidades en la portería. Así llegó al Udinese, el club emblema de su región, debutando con cinco goles en contra. ¿Se había equivocado y era mejor volver para cultivar los campos de su hogar?

Zoff se agarró fuerte a sus deseos y, todavía en 1966, estaba en segunda división con el Mantova, año en el que ascendió e incluso sonó para ir al Mundial con la selección.

Era difícil de creer cuánto había mejorado… y lo que faltaba. Cuando acudió a México 1970 como suplente, ya con veintiocho años, pocos hubieran podido creer que al cabo de doce años, sería Campeón del Mundo y el mejor portero que hasta entonces la Juventus hubiera disfrutado.

Capitán cuarentañero y silencioso, recogió la Copa FIFA con parsimonia, mientras el resto de Italia bailaba y gritaba. Finalmente, el gran y esforzado Dino casi nació en un país distinto. ⚽

GIANNI RIVERA
BAMBINO D'ORO

Nació el 18 de agosto de 1943

CAMPEÓN DE LA EUROCOPA 1968

4 VECES MUNDIALISTA

en Chile 1962, Inglaterra 1966, México 1970 y Alemania 1974

2 COPAS DE CAMPEONES DE EUROPA

con el AC Milán en 1963 y 1969

BALÓN DE ORO EN 1969

ELEGIDO MEJOR FUTBOLISTA

italiano del siglo xx

Si todo aeropuerto es para volar, sobre un terreno pegado a la pista de despegue de Alessandria empezó a volar Giovannino: ahí comenzó a jugar futbol.

Había nacido en esa localidad piamontesa entre emergencias. Sus padres huyeron en bicicleta de los bombardeos de la Segunda Guerra Mundial, encontrando cierto refugio en una *trattoria* o taberna. Ahí vio su primera luz, entre ruinas y miedo, quien sería elevado a *Bambino d'Oro* del futbol italiano.

Durante la ardua posguerra, Giovanni desahogaría su incomprensión con finas patadas al balón, aunque era difícil hallar una cancha. En un sitio que debía remediar el hambre, todo campo estaba destinado al cultivo; por ello, en ese espacio abandonado junto al aeropuerto, los chicos alessandrinos armaron sus partidos.

Balón de Oro en 1968

Cierta vez, por ahí pasó el Campeón del Mundo, Silvio Piola, y aseguró que Giovanni (de a poco también llamado Gianni), efectuaba jugadas que los demás ni soñaban.

Su debut con el club local propició el interés en 1959 del AC Milán, a cuyo desconfiado dueño le insistían que no desechara a esa promesa; le

aseguraban que, en su sesión de prueba y bajo una fuerte neblina, varios confundieron la clase del adolescente con la del súper estelar Pepe Schiaffino. Cuando el propio crack ítalouruguayo se sumó a las voces que elogiaban a Gianni, el AC Milán lo compró.

Sin embargo, pasado un año, no se convencían. Lucía muy flaco y decían que sus muslos eran desproporcionadamente anchos. La prensa tampoco ayudaba al apodarlo *abatino* o pequeño monje, por su escasa predisposición a luchar.

La historia pudo cambiar en ese verano de 1961. Tanto deseaba el Milán quitarse de encima a Gianni, que incluso lo ofreció por una bicoca a la Juventus. Desde Turín respondieron que ese muchachito sólo servía para actuar con colegiales.

Un año después, el cuadro *rossonero* conquistaba la liga con el elegantísimo Gianni como titular. Otro más, y se convertía en el primer equipo italiano en ganar la Copa de Campeones de Europa.

Gianni Rivera, el que persiguió sus primeros balones en un aeropuerto, ya había volado a lo más alto con su futbol. ⚽

HÉCTOR CHUMPITAZ
EL CAPITÁN DE AMÉRICA

Nació el 12 de abril de 1944

CAMPEÓN DE LA COPA AMÉRICA
en 1975
ELIMINATORIAS MUNDIALISTAS
5
MUNDIALES
México 1970 y Argentina 1978
CAPITÁN DE PERÚ
en 90 partidos
8 TÍTULOS DE LIGA
en Perú

En las caídas estuvo el aprendizaje. Por la exigencia llegó la superación.

Héctor Chumpitaz era un niño peruano que trabajaba en el campo con su abuelo. Cada día tenía que brincar un ancho canal de agua, quedando siempre corto en su estirada. Así, desarrolló una especial técnica para elevarse más, para prolongarse en el aire, para llegar más lejos.

Años después, cuando estaba convertido en uno de los mejores defensores de la historia y era apodado Capitán de América, costaba entender que Chumpi, con una estatura de metro setenta, lograra saltar al nivel de los delanteros más altos que marcaba.

En esa chacra o finca para cultivo, su abuelo le enseñó que lo primero era la disciplina; para recoger algodón, para sembrar camotes con los

90 veces capitán de Perú

pies, para picar y remover piedras, para soportar temperaturas y cansancios, para todo lo que hiciera.

Del campo que cosechaba al campo de juego, de ser campesino a futbolista, la actitud de Héctor Chumpitaz no cambió: el empeño era lo primero. Durante los años setenta no era raro que los restantes veintiún jugadores

en la cancha le tuvieran una mezcla de miedo y respeto. Su gesto serio y concentrado se imponía primero a sus compañeros de equipo y luego a sus rivales.

Con ese líder en la alineación, no había sitio para otro jefe. Él mandaba, convirtiendo cada partido en un regreso a las hectáreas en las que su abuelo predicaba con el ejemplo: trabajar, trabajar, trabajar; recoger balones como antes algodones; usar los pies ya no para los camotes sino para evitar goles; acordarse de cuando trituraba piedras con palas, ahora que, famoso y reconocido, trituraba las acciones que amenazaban a sus redes.

En la era dorada del futbol peruano, Héctor Chumpitaz no fue el que más futbol tuvo, pero nada hubiera sido posible sin él. Sin su palabra dura y serena, sin su mirada penetrante, sin su disciplina que hizo de los estadios su fortaleza. ⚽

JAIR VENTURA
'JAIRZINHO'
EL HURACÁN VERDEAMARELA

Nació el 25 de diciembre de 1944

Alguna estrella especial debía acompañar a ese bebé por haber nacido en plena Navidad.

Estrella que, de entrada, no aparecía por ningún lado. Por si la pobreza en Duque de Caxias, al norte de Río de Janeiro, no fuera suficiente, su padre murió atropellado cuando Jair tenía dos años.

Por ello, desde su primera memoria, Jairzinho, «pequeño Jair», no contó con más familia y apoyo que su madre, Dolores.

La vida de Jair Ventura Filho se transformó cuando su mamá decidió que se mudarían a la zona de Botafogo. Para pagar tan costoso cambio, fue empleada doméstica mientras que también atendía una tienda.

Gracias a su talento natural para el futbol, Jairzinho se integró de inmediato a su nuevo barrio; se jugara en calle o playa, todos querían compartir once con ese fantasista. Arte robustecido por la fuerza que adquiría al atravesar nadando la boca de la bahía de Guanabara: del *Morro da Viúva* en Flamengo al *Pão de Açúcar* en Botafogo.

Campeón del Mundo en México 1970

Jair dejó la escuela en segundo de primaria y, fiel al ejemplo materno, cumplió dignamente como mensajero, lo que elevó más su condición física. Si no se le veía caminando veloz entre los edificios, era porque estaba en las instalaciones del club Botafogo, vecinas a su casa, hipnotizado ante su ídolo, Garrincha.

Tanto tiempo pasaba ahí que para la historia quedó el mito de que fue recoge-pelotas. Ya pateaba Didí una *folha seca*, ya centraba Nilton Santos, ya desbordaba Garrincha… y Jair devolvía los balones con tanta destreza, que se le incorporó a las divisiones inferiores del equipo.

En la alineación no cabían dos Garrinchas, así que para abrirse hueco, dominó varias posiciones: a un lado o el otro, como volante o atacante, siempre deleitaba.

Cuando Garrincha vino a menos, nadie dudó: el sucesor era su aprendiz. Y cuando en el Mundial de México 1970 ya estaba ocupada su plaza en el once, tampoco hubo problema, Jairzinho era un genio en donde lo pusieran.

Sí, hubo estrella para Jair: la del escudo del Botafogo. También, gratitud: ya retirado, por las tardes entrenaba a niños en las favelas. Y es que no todos contaron con una madre como Dolores. ⚽

FRANZ ANTON BECKENBAUER

DER KAISER

Nació el 11 de septiembre de 1945

Tiempos difíciles como para pensar en perseguir balones, apenas pasaron cuatro meses entre la toma de Múnich por tropas estadounidenses al cierre de la Segunda Guerra Mundial y el nacimiento de un bebé llamado Franz Anton en la misma ciudad bávara.

Así que la mayor gloria del futbol alemán vio su primera luz entre escombros e incertidumbre, ante un centro dañado en el noventa por ciento de sus edificios y filas para recoger comida racionada por el ejército aliado, en un pueblo hundido en el horror y la vergüenza de lo hecho.

Subsistencia más esforzada en el barrio obrero de Giesing, donde desde una cuna un tanto improvisada, Franz se estiraba para alcanzar un balón; cuentan que, desde entonces, su finalidad no era tocarlo o abrazarlo, sino reubicarlo con mejor sentido, ordenarlo.

Campeón del Mundo en 1974

Muy pronto desaparecieron las ruinas sobre las que ese niño había empezado a jugar y Múnich se asemejó al sitio anterior a los bombardeos. Por esas calles reconstruidas, Beckenbauer se movía con delicadeza propia del más fino bailarín y caminaba muy erguido. Más, cuando con nueve años vio a Alemania ganar el Mundial de Suiza 1954 y convenció a su madre de que le cosiera un uniforme para lucir como su ídolo, Fritz Walter.

Más complicado fue tener el apoyo de su padre, hombre de posguerra, demasiado práctico como para entender que alguien viviera del futbol.

Franz se aferró, con la mira puesta en debutar con el equipo consentido de Giesing, el club 1860 Munich, por entonces más relevante que un Bayern aun padeciendo haber sido intervenido por el régimen nazi.

Sin embargo, a los trece años, un jugador del cuadro juvenil del 1860 golpeó a Beckenbauer y el futuro crack no perdonó: se fue al otro equipo muniqués, cambiando la historia del futbol alemán.

Seis años después ascendía al FC Bayern a primera división y de inmediato era llevado al Mundial de 1966. ¿Delantero?, ¿extremo?, ¿mediocampista?, ¿defensa? El apodado Kaiser inventaría una posición: el líbero, que desde el fondo de la cancha crea el juego.

Bajo su tutela y orden, tanto Alemania como el Bayern ganarían todo trofeo. Gesta repetida después ya como entrenador: otro rol, idéntica elegancia. ⚽

GERD MÜLLER
EL BOMBARDERO ALEMÁN

Nació el 3 de noviembre de 1945

CAMPEÓN DEL MUNDO
en Alemania 1974

CAMPEÓN DE LA EUROCOPA 1972

3 COPAS DE CAMPEONES DE EUROPA
con FC Bayern, en 1974, 1975 y 1976

BALÓN DE ORO EN 1970

MÁXIMO GOLEADOR
del FC Bayern, con 564 goles

14 GOLES EN 2 MUNDIALES

Relación de desconfianza. Ni el futbol creía en Gerhard, ni Gerhard creía en el futbol.

A mediados de los cincuenta la realidad era tan apremiante en el pueblo bávaro de Nördlingen, que el menor de la familia Müller deseaba con más ahínco ayudar a su padre en el traslado por carretera de carbón, que convertir el futbol en su modo de vida. Por eso, al iniciar la adolescencia efectuaba jornadas de doce horas en una fábrica textil.

Tímido y humilde, nadie creía que con un cuerpo tan atípico pudiera jugar futbol, ya no decir transformarse en profesional: piernas cortas y muy anchas, apariencia rechoncha y desproporcionada, padeciendo constantes burlas.

No obstante, poseía un regalo divino para pararse en el sitio indicado, especie de magneto con el balón. Al mismo tiempo, su estructura física hacía complicado que fuera derribado, algo que él siempre atribuyó a la *kartoffelsalat* o ensalada de papa de su madre.

14 goles en 2 Mundiales

Sus ciento ochenta goles en una temporada amateur con el Nördlingen resonaron hasta Múnich. El club 1860 iba en camino a su casa para firmarlo, pero ese diecinueveañero no se tomaba en serio lo del futbol y desconfiaba de una institución que disputaba la Bundesliga. Día de locos (y muestra del espionaje en la liga germana) antes apareció un emisario del FC Bayern, por entonces en segunda categoría, y lo convenció por una razón: a la par de su humilde sueldo, le ofrecía un empleo de medio tiempo en una mueblería. Si tan sólo el 1860 hubiera sabido que Gerd quería lo que las demás promesas rechazaban: un oficio más allá del estadio.

Una vez en los entrenamientos, nadie en el FC Bayern confiaba en él. Lo llamaban luchador, por parecerse su cuerpo al de los exponentes de esa disciplina olímpica. El entrenador incluso dejó una frase para la posteridad: «¿Qué se supone que haga con este levantador de pesas?».

Apremiado por una mala racha, su crítico director técnico lo terminó por alinear y, con al menos un gol por día en sus primeros doce partidos, ya nunca pudo sacarlo. Como resumiera Franz Beckenbauer, su compañero en tantísimos títulos en Múnich y con la selección: «Sin Müller, quizá seguiríamos en una instalación de madera, como club de segunda».

Gerd insistió en que no había misterios, que todo era gracias a la *kartoffelsalat* de mamá. ⚽

ROBERTO RIVELLINO
PATADA ATÓMICA

Nació el 1 de enero de 1946

Si Nicolino Rivellino atravesó el océano Atlántico desde el pueblo italiano de Macchiagodena, sus dos hijos brasileños atravesaban en canoa una red de riachuelos sobre lo que hoy son edificios en São Paulo.

La misión de Abilio y Roberto era acercarse a donde sus ídolos jugaban futbol, para analizarlos desde la embarcación. De vuelta en casa, en el hoy llamado Brooklyn paulista, descendían de la canoa y ponían en práctica lo visto.

Un gallinero, robado de las hectáreas de su abuelo Biaggio, era implementado como portería; ante ese insólito arco, los hermanos Rivellino comenzaban la más intensa práctica de tiro a gol. Todo fue bien hasta que, cierto día, el poderoso ensayo de Roberto reventó la jaula, propiciando que dos gallinas corrieran despavoridas. Ese niño tenía pólvora en la zurda.

Campeón del Mundo en México 1970

Al fondo se escuchaba a un loro repetir, «¡Palmeiras! ¡Palmeiras!», tal como los Rivellino le habían enseñado con insistencia. Finalmente, en ese club que de origen se llamó Palestra Italia, la creciente comunidad italiana de São Paulo remediaba la nostalgia.

Por ello, cada que Roberto mejoraba su drible en los espacios reducidos del futbol de salón, cada que dominaba una nueva forma de crear arte con el balón, cada que aprendía a hacer todavía más incontenibles esos remates de fuego, era pensando en vestir la casaca palmeirista.

Sin embargo, algo fue mal en el día de su prueba. En el Palmeiras por siempre dirían que no se quedaron con el mayor talento ítalobrasileño de la historia, por su ansiedad de ser considerado de inmediato. En la familia Rivellino asegurarían que fueron maltratados y ninguneados. Como resultado, a los pocos meses Roberto era admitido en el acérrimo rival, el Corinthians, del que se convertiría en máxima estrella.

Pronto se dejó crecer un bigote que sería el complemento infaltable de esa técnica para disparar de zurda, culminando con un simpático salto. Con esas dos señas, en México 1970 ganó la final a esa Italia de la que salió su padre.

Una vez retirado el rey Pelé de la selección, nadie dudó: Roberto, el que por tribuna tuvo una canoa, el que como portería adaptó un gallinero, heredó su dorsal número diez. ⚽

GEORGE BEST
EL QUINTO BEATLE

Nació el 22 de mayo de 1946
Murió el 25 de noviembre de 2005

« Creo que te he encontrado a un genio», decía en 1961 un telegrama mandado desde Irlanda del Norte hasta Mánchester.

Lo enviaba un cazatalentos al entrenador del United, Matt Busby, y se refería a ese quinceañero irreverente llamado George Best.

Su sueño era ser futbolista, pero nunca había pensado en dejar Belfast y menos para irse a un sitio que le parecía tan lejano como Mánchester. La realidad era que nadie de esa humilde familia, cuyo padre trabajaba en el puerto, había salido jamás de la isla irlandesa.

A dos días de reportar en la academia de los *Red Devils*, Best escapaba y retornaba a casa. Su padre recibió una llamada en el teléfono de la esquina, en la que se le insistía que el muchacho tenía un gran futuro, que lo animara a volver.

Balón de Oro en 1968

Para saber si Georgie de verdad deseaba ese camino y no obligarlo a que lo tomara, le dijo, «ya no te quieren de regreso». Al verlo en lágrimas, decepcionado por la oportunidad que creía perdida, le confesó que no era cierto, que su futbol había deslumbrado a todos en el United.

De inmediato viajó de vuelta y al cabo de siete años ya tenía el trofeo más importante a nivel de clubes, la Copa de Campeones de Europa, así como a nivel individual, el Balón de Oro, como mejor futbolista del continente.

Su drible era fulminante: cambiaba de ritmo, aceleraba como cohete, destrozaba a los defensas con técnica e ingenio. Además, tenía la portería sellada en su mente y desde cualquier posición era un peligro de gol. Si a eso se añade su carisma y que fue uno de los primeros jugadores en convertirse en estrella popular (lo apodaban El quinto Beatle), puede entenderse su efecto.

No así lo que sufriría. Con apenas veintiséis años, comenzó su declive, su condición física deterioró, su cabeza ya no estaba en el futbol, el alcoholismo lo acabó.

Durante la siguiente década fue cambiando de equipo más de una vez por año, ya siempre en ligas de baja calidad, sin parecerse al crack que inspiró el telegrama de 1961.

Hay dos formas de verlo: con reverencia por lo que fue en los escasos años que reinó o con lamento por lo que pudo ser y nos perdimos. ⚽

ELÍAS FIGUEROA

EL PATRÓN DEL ÁREA

Nació el 25 de octubre de 1946

TRES VECES MUNDIALISTA
en Inglaterra 1966, Alemania 1974
y España 1982

CAMPEÓN DE LIGA
con Peñarol en 1967 y 1968

7 TÍTULOS
con Inter de Porto Alegre

MEJOR EXTRANJERO
en la historia de la liga brasileña

D ías y días sin poder ir al colegio, Elías Figueroa había vuelto a enfermar.

Días y días aburrido, viendo a la pared de su cuarto, con el sueño de ser futbolista imposible de creer para todos, menos para él.

A los once años, el futuro mejor defensa del mundo ya había superado varias enfermedades, pero se enfrentaba a una mucho más severa: por principios de poliomielitis, no podía caminar.

Durante un año estuvo recostado, escuchando a los médicos decir que sería muy complicado que se volviera a poner en pie. Por las noches, cuando todos dormían, se colocaba en el límite de su cama e intentaba dar unos pasos. Incapaz de sentir sus propias piernas, casi siempre terminaba cayendo y regresaba como podía, hasta que un día lo consiguió. Su madre escuchó un ruido y corrió a su cuarto.

7 titulos con Inter de Porto Alegre

Casi se desmaya al ver a su hijo avanzar parado. Vencido ese partido, nada frenaría ya el camino de Elías. De a poco volvió a jugar y a los dieciséis años recibió una gran oportunidad: enfrentar a la selección brasileña que se preparaba en Chile para el Mundial de 1962. Ese día se mostró tan sólido que impresionó a Pelé y Garrincha, y al siguiente Mundial ya era titular con la selección andina.

Con un cuerpo que se fortalecía y crecía hasta el metro ochenta y seis centímetros, Figueroa sería apodado El Patrón, con frases como: «El área es mi casa y ahí entra quien yo quiera». Y es que era invencible por arriba, intuitivo por abajo, puntual en toda marca, aunque, además, contaba con la visión para iniciar desde abajo el juego de su equipo.

En Brasil se ganó tal adoración que fue elegido mejor futbolista extranjero en la historia de su liga y dejó sus huellas en la calzada del Estadio de Maracaná.

Enorme trayectoria para quien estaba destinado a no volver a caminar. Todos insistieron en que era imposible, menos el más importante en esta historia, que era él. ⚽

EDUARDO GONÇALVES 'TOSTÃO'

EL REY BLANCO

Nació el 25 de enero de 1947

Los invitados veían impacientes el reloj, con una ola de incertidumbre corriendo de mirada en mirada. La novia, sorprendida y asustada, se temía lo peor: el hombre que ese día se convertiría en su esposo no llegaba a la boda.

Se trataba de Felicio Brandi, presidente del club Cruzeiro, demorado por algo que no podía posponer: estaba firmando a ese muchacho que más tarde iba a ser llamado Rey Blanco en contraposición con Pelé.

El directivo lo sabía: su boda podía esperar un poco, no así esa contratación, con varios equipos formados para quedarse con Eduardo Gonçalves de Andrade, conocido desde la niñez como Tostão; es decir, el centavo o la moneda devaluada, por ser el más pequeño de los que jugaban.

Don Felicio se casó un poco más tarde y el Cruzeiro recibió ese día a quien sería el máximo goleador en su historia.

4 títulos de goleo

Desde la niñez, cuando se lastimó una uña del pie derecho, Tostão se negaba a rematar con esa pierna, algo que le sería corregido en la selección, convenciéndolo de repetir 200 disparos de derecha por entrenamiento. Al ver su crecimiento, el mundo no daba crédito a sus alcances y Brasil ardía en emoción de cara al Mundial de México 1970. Con Pelé, Gerson, Jairzinho, Rivellino y Tostão, alinearía la delantera más poderosa de todos los tiempos.

Sin embargo, a esta historia le faltaban complicaciones: a un año de México 1970, Tostão chocaba con un rival, lastimándose el ojo izquierdo. En principio no se le dio tanta importancia, hasta que semanas más tarde recibió un balonazo que le desprendió la retina.

Fue operado y a escasos tres meses del Mundial logró volver para plasmar en tierras mexicanas el futbol más dulce de su vida: su regate corto, juego pausado, generosidad para asistir, capacidad para inventar peligro donde sólo había muros de defensas.

Sin embargo, en 1973, con apenas veintiséis años, los médicos le hablaban con franqueza: si continuaba jugando, se exponía a quedar ciego. Tan joven y tan legendario, Tostão se retiró e inició su segunda vida: en 1981 se graduaba como médico. ⚽

JOHAN CRUYFF
REVOLUCIÓN DEL FUTBOL

Nació el 25 de abril de 1947
Murió el 24 de marzo de 2016

SUBCAMPEÓN DEL MUNDO
en Alemania 1974
3 COPAS DE CAMPEONES DE EUROPA
con Ajax en 1971, 1972 y 1973
3 VECES BALÓN DE ORO
en 1971, 1973 y 1974
8 LIGAS Y 5 COPAS CON AJAX
1 COPA DE CAMPEONES
como entrenador del FC Barcelona, en 1992

Algo había diferente en ese niño delgaducho, más allá de que caminaba arrastrando un balón e impresionaba con lo que hacía jugando en la calle: era la manera de escuchar a sus entrenadores, como si buscara un mensaje oculto en cada palabra; era su hábito de observar los partidos con el ceño fruncido, como si a tan corta edad elaborara un análisis táctico.

Por ello, todos en el barrio de Betondorp recuerdan a Jopie Cruyff. Un barrio tan orgullosamente obrero y poco vistoso, que su nombre puede traducirse como «pueblo de concreto».

Como en todas las casas del Betondorp posterior a la Segunda Guerra Mundial, en la de los Cruyff no sobraba nada. Cuando su padre no estaba atendiendo una tienda de verduras, era para charlar con Jopie sobre su amado club Ajax

8 ligas y 5 copas con Ajax

y soñar con verlo jugando en su estadio, a tres cuadras de donde vivían. Consciente del amor del pequeño Johan por ese equipo, su madre había cosido para él su primer uniforme: una franja roja vertical añadida al centro de una playera blanca.

Cuando el profeta del balón tenía doce años, su padre murió. Si hasta antes no veía otro futuro

que jugando, aquel tristísimo día Cruyff disipó toda duda. Eso también llevó a su madre a tomar un empleo en el Ajax, donde estaría más cerca de ese hijo que entrenaba a diario con una intensidad nunca vista.

Cruyff sabía que con su quebradizo cuerpo no podía competir con los demás jóvenes. Por ello trabajó en su fortaleza como nadie e ideó distintas formas de esquivar rivales sin tener que chocar. Rebelde e inconforme, cuestionador de todo, cada día aprendía lo que para el resto toma meses o años.

El rompecabezas de esa revolución se completó en 1965, cuando Cruyff tenía dieciocho años: Rinus Michels llegó a dirigir al Ajax y juntos desarrollarían el Futbol Total, dominarían Europa, llevarían esa vanguardia a la selección y luego al FC Barcelona.

El flacucho, alguna vez llamado Jopie, llegaría a tenerlo todo: inteligencia, velocidad, gol, drible, liderazgo, creatividad, personalidad, perfeccionismo, capacidad para actuar en muchas posiciones.

Ni en el mejor sueño de ese padre, cuya memoria honraría a cada actuación, pudo pensarse una carrera así. No es que el futbol cambiara a Cruyff, es que Cruyff cambió al futbol. ⚽

TEÓFILO CUBILLAS
UN NENE AL ATAQUE

Nació el 8 de marzo de 1949

En medio de ruinas que dan testimonio del esplendor de la civilización inca, nació un bebé que representaría el máximo esplendor del futbol de Perú.

Ahí, en plena Hacienda Tambo Inga, cerca del barrio limeño de Puente Piedra, a su vez llamado así por el puente con el que los incas buscaban enlazar al norte su poderoso imperio, Teófilo llamaba la atención por dos razones: su permanente sonrisa y la técnica con que trataba a la pelota.

Su infancia transcurrió entre sembradíos, donde su padre conducía el tractor y su madre era cocinera. Ahí sólo podía patear el balón toda vez que cumpliera de manera brillante en el colegio y ayudara en las labores del campo.

Situación inversa a la que a menudo rodea

1 Copa América en 1975

a los cracks, su papá no quería que se distrajera con el futbol, al tiempo que su mamá se había convertido en la cómplice perfecta para que escapara un rato a la cancha, incluso para disimular el estrago que tanto juego suponía para sus únicos zapatos.

En los torneos colegiales destacaba su facilidad para convertir lo que parecían caricias a la esférica en remates perfectos, pero nada como para que Teófilo pensara que recorrería algún camino ajeno al estudiantil.

A los trece años, su equipo escolar se enfrentó a los infantiles del Alianza de Lima. Terminado el cotejo, un entrenador lo invitó a probarse en el cuadro aliancista, el denominado equipo del pueblo, ese que desde los campos de Tambo Inga siempre amó, y Teófilo acudió sin saber si estaba a ese nivel. Un partido después, ya nadie lo dudaba. El muchacho anotó los seis goles de su equipo y el Alianza enloqueció… aunque su padre seguía firme. Pese a debutar en primera división con dieciséis años y ser ya campeón de goleo en su primera temporada, el apodado Nene no podía faltar a clases, aun si eso implicaba perderse algún juego.

Iniciaba una trayectoria que continuaría marcada por su contagiosa sonrisa y su facilidad para el gol. En el retiro, Cubillas clamaría: «Si volviera a nacer, escogería al Perú como país, al futbol como profesión y al Alianza de Lima como mi equipo». ☻

CARLOS HUMBERTO CASZELY

CRACK CONTRA EL DICTADOR

2 VECES MUNDIALISTA
en Alemania 1974 y España 1982
SUBCAMPEÓN DE COPA AMÉRICA EN 1979
5 LIGAS DE CHILE
con Colo-Colo, entre 1970 y 1983
SUBCAMPEÓN DE COPA LIBERTADORES
en 1973
UN ACCESO AL ESTADIO DEL ESPANYOL
lleva su nombre

Nació el 5 de julio de 1950

La noticia corrió por el barrio santiaguino de San Eugenio: ¡Pelé y Garrincha entrenarían en su humilde estadio de madera!

Estaba por comenzar el Mundial de Chile 1962 y, como la mayoría en San Eugenio, como su padre mismo, Carlín pensaba que de mayor se dedicaría a empleado ferroviario.

Iniciada la práctica de Brasil, ese muchachito de cabellera rizada se sintió iluminado: ¡qué maravilloso podía ser el futbol!

A un costado se ubicaba el baldío que los niños, con él a la cabeza, transformaron en su cancha; allanando el suelo con palas y picos, construyendo porterías con viejos fierros de ferrocarriles, con cáñamo en vez de redes. Ahí, sobre piedras y hierba propia de selva, Carlín se vio obligado a domar la pelota.

5 ligas de Chile con Colo-Colo

Sin saberlo, ese juego forjado en las llamadas «pichangas» o partiditos callejeros, se identificaba con los magos brasileños a los que acababa de descubrir: inventar gambetas en un espacio inexistente y disfrutar.

Carlos volvió a casa, a un par de cuadras, convencido de que sería futbolista. Su padre, que en su juventud había cambiado la oferta del gigante Colo-Colo por la estabilidad que le concedió el club Ferrobádminton de jugar y trabajar como ferroviario, lo apoyó.

A los quince años, debutaba como colocolino. Así comenzaba un trayecto de indescriptibles fantasías y muchísimos goles... aunque su anotación más recordada haya sido fuera del césped: antes del Mundial de Alemania 1974, la selección fue recibida por Augusto Pinochet, llegado a la presidencia tras un sangriento Golpe de Estado. Ese día, Caszely no le dio la mano al tirano.

En 1988, cuando se sometió a plebiscito la continuidad de Pinochet, la madre del delantero explicó en televisión que había sido torturada por la dictadura, tras lo cual Carlos la abrazó e instó al pueblo chileno a votar en contra. El testimonio de los Caszely influyó para que cayera el régimen.

Ese niño no sólo había aprendido que el futbol puede ser arte; también, que no hay nada como la libertad.

Por cierto, los brasileños llegaron a decir que Caszely era una mezcla entre Pelé y Garrincha: justo sus primeras inspiraciones en San Eugenio, cuando corrió a verlos entrenar. ⚽

PAUL BREITNER

EL AFRO TEUTÓN

Nació el 5 de septiembre de 1951

CAMPEÓN DEL MUNDO
en Alemania 1974
CAMPEÓN EUROCOPA
en Bélgica 1972
SUBCAMPEÓN DEL MUNDO
en España 1982
COPA DE CAMPEONES
con el FC Bayern en 1974
5 LIGAS CON EL FC BAYERN
y 2 con el Real Madrid

Un ritual familiar: a cada partido del FC Bayern, los dos Pauls, padre e hijo, se subían a una motocicleta en el pueblo de Kolbermoor para ir al estadio Grünwalder de Múnich. Una hora de camino a veces entre copos de nieve, otras bajo el sol de los Alpes bávaros.

Épocas austeras tanto para la Alemania de la posguerra como para el cuadro muniqués. Paul Jr., con apenas cuatro años, había sufrido al ver al FC Bayern descender y luego volver a primera división.

Por ello, cuando los directivos del 1860 Munich, el otro equipo de la ciudad, fueron a su casa a buscarlo alrededor de 1968, él sabía perfectamente que eso no era lo que deseaba.

Llamaba la atención su capacidad para jugar en varias posiciones, aunque también una condición física de maratonista.

Campeón del Mundo en Alemania 1974

Y es que, desde los doce años, Paul se había disciplinado a efectuar cada día un entrenamiento adicional, motivado por su padre que dirigía al club Freilassing en divisiones menores.

Su tremenda producción goleadora captó la curiosidad de Udo Lattek, seleccionador juvenil de Alemania, siendo el destino tan puntual que Lattek no tardó en convertirse en entrenador del FC Bayern.

Adolescente que amaba los libros, que era feliz como estudiante, que se sumaba a las manifestaciones a favor de los Derechos Humanos, Paul no tenía idea de lo que estaba por suceder en su vida.

De pronto, al volver a casa, se topó en la puerta con un directivo del FC Bayern, enviado por Lattek. Su sueño se había hecho realidad, viajaría al estadio Grünwalder, como cuando era niño, pero ahora sin ir abrazado de su padre en la motocicleta.

De inmediato, recibió un telefonazo. Lattek le preguntaba si podía jugar como defensa, a lo que Breitner respondió que por supuesto y un día después debutaba en la posición menos esperada, en la que menos experiencia tenía… posición con la que al cabo de un par de años habría ganado ya todos los títulos existentes, anotando gol en dos finales de Copas del Mundo. ⚽

JOHAN NEESKENS

DEL DIAMANTE AL FUTBOL

Nació el 15 de septiembre de 1951

La visión desde el *shortstop*, la lectura desde el corazón del diamante, anticipaban el dominio que ejercería en la media cancha. Lo mismo, la naturaleza del beisbol, donde todos han de saber atacar y defender.

Pudo suceder: que el poderoso físico de ese niño, al que en el pueblo de Heemstede llamaban Nees, lo convirtiera en el primer holandés en las Grandes Ligas estadounidenses.

Desde que tenía nueve años, Johan había representado con éxito al Racing Club Heemstede tanto en futbol como en beisbol.

Avanzaban los años y el misterio crecía en torno al emblemático castillo de esa localidad holandesa. ¿Nees con manopla en la mano o Nees con balón en el pie?

En 1967, la balanza parecía inclinarse hacia la pelota caliente: sus hits llevaron a Holanda al título europeo juvenil, con Johan premiado como mejor bateador. Podía decirse que Neeskens era en ese momento la mayor promesa beisbolera del continente.

3 Copas de Campeones con el Ajax

Entonces le llegaron dos ofertas casi simultáneas: el Ajax de Ámsterdam, a veinticinco kiló-metros de su casa, lo deseaba como futbolista; los Cubs de Chicago, al otro lado del océano Atlántico, le ofrecían tres meses de prueba.

Con dieciocho años, Nees titubeaba, enumeraba pros y contras, obligado a una decisión de vida: luchar por instalar a Holanda en el mejor beisbol del mundo o integrarse a lo que –según le explicaba el director técnico Rinus Michels– supondría la gran revolución del futbol. Optó por el camino *ajacied* y de inmediato supo que había hecho lo indicado. Al cabo de tres años en primera división, acumulaba tres copas europeas, una por temporada para ese todocampista que alternaba intuición y fuerza, anticipación y personalidad, marca propia del mejor *infielder* y gol con sus disparos dignos de *home run*.

Habían pasado siete años desde la corona europea en beisbol y el ahora apodado *De Leeuw*, «El león», acarició el Mundial de futbol en Alemania 1974.

Escolta perfecta detrás de su tocayo Cruyff, juntos reinventaron ese deporte en Ajax, FC Barcelona y la selección holandesa. Para Argentina 1978, ya no estaba el Johan más célebre, y Nees, por siempre sabio desde su perspectiva de *shortstop*, volvió a poner a los naranjas a centímetros de la gloria. ⚽

OLEG VLADÍMIROVICH BLOJÍN

LA FLECHA UCRANIANA

Nació el 5 de noviembre de 1952

Los juegos Olímpicos de Múnich 1972 eran la meta, pero Oleg Blojín no lograba decidir en qué deporte iba a acudir.

Su adolescencia avanzaba y el tiempo apremiaba: podía hacerlo en atletismo, siguiendo los pasos de su madre, que destacó como campeona nacional en la Unión Soviética, o bien, podía ser en futbol, donde su padre había encontrado otra vida, trabajando como directivo en el club Dynamo de Kiev.

Blojín finalmente preferiría el futbol, aunque muy beneficiado por su formación atlética: por la banda izquierda seguiría corriendo como en los cien metros planos, sólo que con balón. A cada *sprint*, sacando gran distancia a quienes lo marcaban, reforzaría su apodo: La Flecha Ucraniana.

Por si esa mezcla deportiva no fuera lo suficientemente incontenible, Oleg añadiría otro rasgo marca de la casa: la disciplina que había adquirido su padre cuando participó como soldado en la Segunda Guerra Mundial, resistiendo incluso el Sitio de Leningrado en la actual San Petersburgo.

Balón de Oro en 1975

En una era marcada por Johan Cruyff y Franz Beckenbauer, Blojín lograría meterse entre ellos para ganarles el Balón de Oro de 1975. Arrasaría en la votación tras conquistar Recopa y Supercopa europeas, primeros títulos continentales para un equipo soviético.

Era su velocidad sumada a iguales índices de habilidad y contundencia frente al arco. Era también la inteligencia, tras haber sido el alumno predilecto del entrenador más influyente en la historia de la URSS y uno de los más revolucionarios de todos los tiempos, Valeri Lobanovski.

Hasta tres veces la directiva del Real Madrid viajaría a Kiev buscando contratarlo. Lo mismo el Bayern Munich se decía dispuesto a romper el récord del traspaso más caro con tal de quedárselo. No obstante, las restricciones políticas hicieron imposible su salida hasta que en 1988 la Unión Soviética estaba por colapsar y el mejor futbol de Blojín era cosa del pasado.

Si él recibió la estafeta de Lobanovski, años después haría lo propio dirigiendo en la selección a la siguiente gran gloria del futbol ucraniano, Andriy Shevchenko. ⊕

ARTHUR ANTUNES COIMBRA 'ZICO'

JOGO BONITO

Nació el 3 de marzo de 1953

TERCER LUGAR MUNDIAL 1982

COPA
Libertadores 1981

COPA INTERCONTINENTAL 1981

3 VECES FUTBOLISTA SUDAMERICANO
del año en 1977, 1981 y 1982

MÁXIMO ANOTADOR EN LA HISTORIA
del estadio Maracaná

En ese equipo de barrio, en una zona poco afortunada al norte de Río de Janeiro, nadie destacaba como el más pequeño.

Antes de iniciar los partidos, sus hermanos mayores hacían hasta lo imposible por esconder su cara de niño y diminuto cuerpo, ya que las reglas excluían a menores de dieciséis años, pero tenía poco caso. Una vez iniciando, Arthur Antunes Coimbra, desde la infancia llamado Zico, acaparaba todos los reflectores cada que recibía el balón.

En una de esas jornadas, saldada con diez goles del artista rubio, el club Flamengo se enteró de sus poderes especiales.

Había dos problemas: el primero, que el padre de Zico estaba muy desencantado del futbol profesional, al cortarse su carrera en el Flamengo por la absurda prohibición de su jefe, quien era aficionado a otro equipo; el segundo, que Zico resultaba tan bajito como liviano.

Ganador del Campeonato carioca

Durante tres años siguió un programa de fortalecimiento físico que superó las mejores de las expectativas. Ganó once centímetros hasta llegar al metro con setenta y dos centímetros de altura, con el que se inmortalizaría en el futbol, subió quince kilogramos casi de puro músculo.

Semanas extenuantes en las que corría del colegio al entrenamiento y en las que estuvo cerca de abandonarlo todo, tanto por el cansancio como por la dificultad para pagar los pasajes.

A los dieciochos años, Zico estaba listo y de inmediato se convirtió en ídolo del Flamengo, el equipo más popular de Río. Pelé recién se había retirado y las masas brasileñas veían en Arthur al más digno sucesor del rey en la selección.

Detrás de esa técnica estaba una permanente búsqueda de la perfección. Si se convirtió en el mejor cobrador de faltas, fue porque repetía hasta doscientos lanzamientos a puerta por día. A la par de eso, regate y visión como pocas veces se volverán a ver. Con el mismo énfasis con el que trabajó para ganar fortaleza, lo haría siempre para pulirse como joya, para ser mejor.

De profesional, como cuando se divertía en el barrio con sus hermanos, como cuando salió del retiro para jugar en Japón, tan inútil hubiera resultado tratar de ocultar a Zico, al primer balón nadie podía despegar la mirada de él. ⚽

DANIEL ALBERTO PASSARELLA

ZAGUERO GOLEADOR

Nació el 25 de mayo de 1953

2 COPAS DEL MUNDO
en Argentina 1978 y México 1986

7 LIGAS DE ARGENTINA
con River Plate

TAMBIÉN JUGÓ
con Fiorentina e Inter de Milán

MEDALLA DE PLATA
en los Juegos Olímpicos de Atlanta 1996
como DT

Sin capacidad de adaptación, Daniel Alberto no hubiera existido para el futbol.

Adaptación, primero, en plena infancia, cuando en un accidente sufrió fractura de su pierna derecha, la buena. Durante el largo proceso de convalecencia, el aguerrido niño trabajó tanto el golpeo de balón con la izquierda, que una vez recuperado y ya para siempre, jugó como un espléndido zurdo.

Adaptación, después, en lo más profundo de su corazón. Como buena parte de la localidad de Chacabuco, como la totalidad de su familia salvo por una abuela, Daniel era fervoroso seguidor del Boca Juniors y acérrimo rival de todo lo que oliera a River Plate. Esa abuela que, según una leyenda, era curandera y predijo que el nieto no vestiría el uniforme xeneize, sino el de la banda roja.

2 veces Campeón del Mundo

En todo caso, el Boca lo rechazaría cuando acudió a una prueba, ganándose el afán de revancha de uno de los futuros mejores zagueros de la historia.

Todavía con veinte años, militaba en tercera división con el Club Atlético Sarmiento, donde no era raro que alineara como delantero. Hasta ese humilde escenario llegó a verlo el director técnico de River, decidido a no regresarse hasta tener atado al joven que gritaba y mandaba, que lo mismo era el mejor en defensa que en ataque, que tenía un carácter tan férreo como dominante.

Días después, el entrenador le preguntó si se animaba a debutar en un amistoso contra Boca, él respondió que era más bien que se animaran a ponerlo y ya verían. Tanto vieron, que cuatro años después ya era el primer capitán argentino que recibía la Copa del Mundo.

Defensa implacable que cerró su carrera con números de atacante: más de ciento setenta goles anotados, a menudo con su gran remate de cabeza, pero también con sus cobros de tiro libre.

Fue el único campeón de Argentina 1978 que repitió en el plantel coronado en México 1986, mas sin jugar por problemas gastrointestinales y en medio de un choque con el líder de ese equipo, Diego Maradona. Eso sí, la albiceleste no hubiera calificado a ese Mundial sin su concurso: aquel gol a Perú con riñones, a lo caudillo, a lo Passarella. ⚽

SÓCRATES BRASILEIRO
SAMPAIO DE SOUZA
DEMOCRACIA Y VIRTUOSISMO

**Nació el 19 de febrero de 1954
Murió el 4 de diciembre de 2011**

FUTBOLISTA SUDAMERICANO
del año en 1983
TÍTULOS CON
Botafogo, SC Corinthians y CR Flamengo
JUGÓ UN AÑO CON LA FIORENTINA
en 1984 - 1985
60 VECES INTERNACIONAL
con Brasil
TAMBIÉN FUE
médico y escritor

Sólo en una casa donde los libros se amontonaban, podía haberse nombrado Sócrates al hijo mayor.

Sólo en Belém do Pará, donde inicia o termina el recorrido por el río más largo del mundo, el Amazonas, podía haber nacido ese personaje en quien comenzó y finalizó la visión más idealista que haya existido del futbol, mediocampista tan fino como digno portador del nombre del filósofo griego.

Jugó pensando y convirtió la cancha en una sala de reflexión. Su obsesión era el *jogo bonito* («La belleza es lo primero, la victoria sólo secundaria, lo que importa es el gozo»), siempre de la mano de utilizar el futbol como plataforma para protestar contra la dictadura militar que entonces gobernaba a Brasil («Regalo mis goles a un país mejor. Ganar o perder, pero siempre con democracia»).

Fue médico y escritor

Siendo niño y destacando ya por un talento pocas veces visto, su padre le había impuesto dos condiciones para poderse dedicar al futbol: cursar además una carrera universitaria (elegiría medicina) y siempre servir a causas más relevantes (en el Club Corinthians fundaría la «democracia corinthiana»: todo tenía que decidirse en votación).

Capitán de la inolvidable selección brasileña del Mundial de España 1982, era diferente en todo sentido: por el contraste entre su metro noventa y tres centímetros de estatura con una talla de zapatos muy pequeña que le permitía ser exquisito al impactar la pelota; por utilizar ese cuerpo de basquetbolista más para tener visión de la cancha que para rematar de cabeza; por su barba y mirada profunda; por jugar a su propio ritmo, posición erguida combinada con brazos caídos; por su dominio del toque de tacón, producto también de la anormal ubicación de un hueso en la parte baja de sus tobillos; por su extrema delgadez que le dio el apodo *magrão*, flacote.

Bohemio en el césped y fuera de él, coherente al hacer un futbol que coincidiera con sus ideas, Belém de Pará abre o cierra el trayecto amazónico: incontenible caudal de futbol-arte, su hijo célebre abrió y cerró una forma distinta de concebir y plasmar este deporte. ⚽

MARIO ALBERTO KEMPES

EL MATADOR DE CÓRDOBA

Nació el 15 de julio de 1954

Todos en el club Leones podían faltar al partido de la semana, menos ese niño de dos o tres años.

«¿Dónde está Marito?», empezaba como pregunta, «¡¿Dónde está Marito?!», seguía con alarma, recordando una larga racha de victorias desde la primera vez en que Mario Alberto Kempes fue llevado por su padre como mascota, hasta aquel último cotejo, en el que el bebé no llegó y el equipo perdió.

Si su relación con el futbol comenzó con una aureola de suerte, así continuaría: Marito iba a cambiar la historia del futbol de su país. Predestinación, como haber nacido en la localidad cordobesa de Bell Ville, donde se presume la invención de la pelota con válvula para su inflado.

Sin embargo, para que Kempes se convirtiera en héroe tendría que experimentar la carpintería de dos formas: por un lado, como empleo mientras era adolescente, castigado por su mal rendimiento escolar; por otro, con la tabla que en su escuela utilizaba como balón… tabla que rebotaba víctima de sus brutales remates.

Campeón goleador en Mundial 1978

Disparos a gol por los que fue integrado a un equipo de juveniles, donde por un año no fue alineado. Entonces su madre advirtió al entrenador que si no lo ponían, se lo llevaría a otro lado. Como en su más tierna infancia, el efecto Kempes fue inmediato: lo pusieron y ganaron.

Eso atrajo el interés del club Instituto de Córdoba y un cambio en su vida: él, que nunca había salido solo de su pueblo, ahora se subía, espantado, cuatro horas a un autobús tres ocasiones por semana. Sólo así iniciaría ese camino y el de Argentina hacia su primera Copa del Mundo.

Poderoso y hábil, poco tiempo después de esas andanzas con la madera, doblaría como martillo a la defensa holandesa y daría a la albiceleste la coronación en 1978. Como el escritor Eduardo Galeano lo definiera: «Un potro imparable que se lució galopando, con la pelambre al viento, sobre el césped nevado de papelitos».

Con la selección no marcó tantísimas anotaciones, pero sí las importantes: esas seis que le hicieron Campeón del Mundo y confirmaron la premonición: todos podían faltar menos Marito; Kempes significaba fortuna. ⚽

MICHEL FRANÇOIS
PLATINI
LE ROI DU FOOTBALL

CAMPEÓN DE LA EUROCOPA
en Francia 1984

2 VECES SEMIFINALISTA
en el Mundial de España 1982 y México 1986

3 VECES BALÓN DE ORO
en 1983, 1984 y 1985

COPA DE CAMPEONES
en 1985 con la Juventus

2 LIGAS CON JUVENTUS EN 1984 Y 1986
y 1 liga de Francia con el Saint Étienne

Nació el 21 de junio de 1955

En la esquina noreste de Francia, a casi tan pocos kilómetros de Luxemburgo como de Alemania y Bélgica, un padre modelaba en el futbol a su hijo como si esculpiera una hermosa escultura.

Programa de entrenamientos que el pequeño Michel inició desde que dio el primer paso y continuó hasta la adolescencia: conducción de balón, técnica individual, regate, visión de campo, fortaleza mental, resistencia física, con énfasis en la que sería su especialidad, los tiros libres.

Los planes de Aldo Platini se iban cumpliendo con precisión: su hijo necesitaba convertirse en el futbolista que él no fue, por rechazar el profesionalismo.

Sí, todo se cumplió hasta que en 1971 el equipo de la vecina ciudad de Metz, ese que juntos habían amado temporada tras temporada, rechazó a Michel. Los expertos coincidían en que el muchacho era buenísimo, pero los médicos impidieron su contratación. Según decían, su capacidad respiratoria resultaba tan débil que sería riesgoso ponerlo a jugar.

3 veces Balón de Oro

Su padre insistió que estaban equivocados y, visto que no los haría cambiar de opinión, dejó una advertencia: muy pronto se arrepentirían.

Así que, en lugar de intentarlo en el FC de Metz que estaba a veinte minutos de su pueblo natal de Jœuf, los Platini se fueron otra hora hacia el sur, con el acérrimo rival, el AS Nancy.

Año y medio después, la profecía de Aldo se hacía realidad: el Metz no daba crédito al talento ofensivo al que debía frenar en el derbi de la región de Lorena: elegante, resolutivo, genial al impactar la pelota.

Con Michel al mando, el AS Nancy consiguió la mejor clasificación de su historia y conquistó su primer título: la Copa de Francia 1979.

Tres años después la realidad superaba al mejor de los sueños de Aldo: la Juventus, el club de esa ciudad de Turín de donde el abuelo de Michel Platini emigró a Francia, contrataba al prodigio.

En la tierra de sus antepasados, se le apodó *Le Roi*, El rey, tras ganar todo lo existente con el uniforme *bianconero*. Monarca francés que dio a su selección una Eurocopa; monarca salido de una esquina tan lejana, que por pocos kilómetros pudo nacer en otros tres países. ✪

KARL-HEINZ RUMMENIGGE

KALLE, MEJILLAS ROJAS

Nació el 25 de septiembre de 1955

CAMPEÓN DE LA EUROCOPA
en Italia 1980

SUBCAMPEÓN MUNDIAL
en España 1982 y México 1986

2 CHAMPIONS LEAGUE
con el FC Bayern, en 1975 y 1976

2 VECES BALÓN DE ORO
en 1980 y 1981

3 VECES CAMPEÓN GOLEADOR
con el FC Bayern

Crueldad infantil, Kalle fue con su hermano mayor a un partidito de futbol, convencido de que ese día presumiría sus remates a los niños grandes, pero, al llegar, le advirtieron que sólo podía ver.

Después del inconsolable llanto de ese pequeño de cinco años, aceptaron que participara, mas con una condición: antes tenía que barrer la zona aledaña a la cancha, llena de estiércol. Kalle, como conocían a Karl-Heinz en el pueblo de Lippstadt, aceptó. Momentos después entró a la cancha y, con el ceño fruncido, dribló a todos.

Tras ese episodio, no le hicieron la vida fácil. Cada día que Rummenigge quisiera jugar con los mayores, sería pagando veinte centavos. Más allá del gasto que supuso, Kalle fue exigido al máximo en esas calles ante hijos de inmigrantes italianos; así ganó una potencia que lo marcaría en lo sucesivo y se convirtió en un diabólico delantero.

2 veces Balón de Oro

Cuando tenía ocho años, sucedió que su cotejo con el cuadro infantil del Borussia Lippstadt sirvió como preámbulo al duelo de los adultos. Ese día, cinco mil aficionados en el estadio fueron testigos de los seis goles de Karl-Heinz, elevándolo a ídolo de esa localidad obrera del oeste de Alemania.

Su destino futbolístico ya era visto como asunto de interés público en Lippstadt. Más al saberse que el Schalke 04, ubicado a cien kilómetros, pretendía contratar al muchacho de catorce años, traspaso impedido por su madre: el niño no estaba listo para desprenderse.

Cuando Rummenigge inició sus estudios bancarios, nadie podía comprender que ahí continuara, en un aula y ajeno a la Bundesliga desde la que habían surgido quince ofertas. Finalmente, en 1974 el FC Bayern lo convenció.

Kalle llegó a Múnich cuando varios de sus integrantes eran campeones del mundo. Su primer día de entrenamiento le recordó a esa jornada en la que debió limpiar el estiércol: mostraba tal timidez ante esos gigantes que Franz Beckenbauer lo apodó *rotbäckchen*, «mejillas rojas».

Ese apocamiento cambió tan pronto, que en su primera temporada ya fue titular y campeón de Europa. Quienes de niños lo obligaron a barrer y pagar por jugar, ahora lo perseguían aunque sólo fuera para hablar un momento.

Kalle aplicó sus estudios bancarios cuando, en el retiro, fue nombrado presidente del FC Bayern. ⚽

PAOLO ROSSI
EL OPORTUNO PABLITO

Nació el 23 de septiembre de 1956

Mientras que la mayoría llegó a la gloria dominando el balón, Paolo lo hizo mandando sobre el tiempo: intuición, oportunismo, olfato para estar en el instante y el lugar indicados.

Por eso, en tanto que los demás niños corrían ansiosos detrás de una pelota en la Piazza del Duomo de la localidad de Prato, en tanto que todos se esforzaban por lucir su técnica debajo de ese púlpito diseñado por Donatello, Paolo Rossi se paraba con pose distraída y juntando sus manos detrás de la espalda. Súbitamente, como iluminado por San Stefano a quien está dedicada esa catedral toscana, aceleraba unos metros y metía gol.

¿Por qué había ido en esa dirección? ¿Por qué en ese preciso segundo y no uno después? El Bambino de Oro, con los flecos alargados hasta las cejas, se reía sin explicación, mientras que contemplaba la fachada milenaria marcada por líneas, tal como su futura pasión, la juventina... aunque antes debió volverse a aliar con el inescrutable tiempo.

Balón de Oro en España 1982

A los dieciséis años, la Juve se lo llevó prometiéndole un debut inmediato. Sin embargo, Paolo apenas pudo jugar durante tres años; una lesión tras otra, un físico que no se acomodaba a la edad adulta, unas rodillas renuentes a sanar luego de varias operaciones.

Ese niño maravilla que supuestamente iba a saltar a la élite antes de ser mayor de edad, a los veintiún años estaba relegado a segunda división. Quiza tuvo dudas, mas el tiempo seguía de su lado: sus goles con el Vicenza lo llevaron al Mundial de 1978, como titular.

Para entonces, Pablito era ejemplo nacional de persistencia, aunque le quedaba otro obstáculo. En 1980 fue suspendido en medio de un gran escándalo de apuestas. Todo hacía indicar que no podría acudir al Mundial de España 1982, con la prensa criticando su falta de ritmo competitivo. Como sea, al ser disminuida su sanción, el seleccionador lo llevó.

Meses después se había elevado a héroe nacional: en toda su carrera no anotó más de ciento treinta goles, pero sí los seis que coronaron a Italia en ese torneo. ¿Cómo los metió? Más que con una pierna o remate, armado de su principal recurso, el tiempo: para estar en donde debía en el área, para alistarse en el momento requerido, tal como en sus inicios, bajo inspiración del púlpito de Donatello. ⚽

JORGE ALBERTO 'MÁGICO' GONZÁLEZ

GOZO EN LA CANCHA

MUNDIALISTA EN ESPAÑA 1982

5 LIGAS DE EL SALVADOR
con el Club Deportivo FAS

1 COPA DE CAMPEONES DE CONCACAF
con el CD FAS en 1979

MEJOR FUTBOLISTA
centroamericano del siglo xx

MAESTRO DE UN REGATE
llamado Culebrita Macheteada

Nació el 13 de marzo de 1958

En el nombre de su barrio, en San Salvador, encontraba la definición para lo que hacía con la pelota. En la colonia Luz, Jorge Alberto iluminaba la vida de quienes, pobres y desempleados, gozaban de sus trucos.

Sólo había un problema para observar sus genialidades: nunca se sabía a qué hora iba a salir de esa desvencijada casa, en la que vivía con su abuela, durmiendo en un catre sobre el suelo de tierra. Desde entonces, impredecible. Desde entonces, necesitado de muchas horas de sueño. Ya entonces, tan resplandeciente al patear el balón.

Había nacido en una familia amplia, con sus hermanos mayores futbolistas profesionales. Como después haría con los partidos, iba al colegio cuando así le apetecía, mas no era expulsado porque, con Jorgito, su equipo escolar era el mejor.

1 Copa de Campeones de Concacaf

Tenía dieciséis años cuando acompañó a su hermano a un cotejo amistoso en El Paraíso. Otra vez, el nombre del lugar lo marcaría. Entró de cambio vistiendo un uniforme que le quedaba como camisón y empezó a driblar rivales. Cuando lanzó una parábola al ángulo, confirmó que su juego, además de luz, era paraíso puro.

Pronto debutó en primera división. Por indisciplinado que fuera, ese crack flacucho, despeinado, desgarbado, parecía tener un pacto oculto con el futbol.

Así calificó a El Salvador para el Mundial de España 1982, justo cuando más falta hacía esa alegría a su pueblo: en plena Guerra Civil, cuando a la pobreza que tan bien conocía en los callejones sansalvadoreños se añadía una brutal violencia.

Por esos días, lo contrató el equipo español Cádiz, con cuyas tribunas consumaría una relación inigualable: amor más auténtico nunca se vio entre afición y jugador. El apodo de Mago con el que salió de su tierra, en Andalucía se convirtió en Mágico, hasta casi eliminar toda referencia a Jorge o González.

Grandes equipos, como el FC Barcelona o Paris Saint-Germain, lo quisieron, pero El Mágico se aferró a Cádiz. Cada que alguien especuló lo que habría sido de él si se hubiera cuidado, respondió de primera intención: un tipo infeliz. Cada que debió elegir, prefirió la diversión. Cada que vio a alguien necesitado, regaló cuanto tuvo. ¿Dinero? Tan innecesario como los trofeos, en la cabeza del crack salvadoreño al que Maradona admirara. ⚽

DIEGO ARMANDO MARADONA

D10S ALBICELESTE

Nació el 30 de octubre de 1960

CAMPEÓN DEL MUNDO
en México 1986

SUBCAMPEÓN DEL MUNDO
en Italia 1990

COPA UEFA 1989 CON NÁPOLES

2 LIGAS DE ITALIA
con el SSC Napoli, en 1987 y 1990

DOBLETE LIGA-COPA
en 1983, con el FC Barcelona

Acada día, la bola cambiaba. Una naranja, un trapo, un periódico aplastado, todo servía para que el Pelusa (llamado así por su cabello desordenado) caminara por Villa Fiorito concentrado en que esa improvisada pelota no tocara el piso. De un pie al otro, de muslo en muslo, arriba y abajo, incluso al saltar las vías o completar los encargos de mamá, a Diego no se le caía.

Al festejar tres años, su primo le hizo el obsequio que cambiaría la historia del futbol: un pequeñísimo balón, con el que puliría su técnica sin parar. Compra que su familia de ninguna forma podía efectuar.

El hambre había obligado a sus padres a emigrar a Buenos Aires desde una localidad reveladoramente llamada Esquina: en la esquina de Argentina, a pocos kilómetros de Paraguay, Brasil y Uruguay. Ahí, don Diego conducía una barca pesquera por el río Paraná, hasta que no le quedó otra que desplazarse al rincón más marginal de la capital.

Campeón del Mundo en 1986

En Fiorito, los Maradona vivían con lo mínimo. Al oscurecer, su madre repetía que por dolor de estómago no iba a cenar, aunque en realidad fingía para que la comida alcanzara para sus hijos.

Por entonces, el Pelusa traía el agua en unos pesados cuencos de aceite. Lo mismo, cumplía con trabajos informales, como cuando se ganó unas monedas colocando veneno para cucarachas.

En cuanto al futbol, todos en Fiorito asumían que el juego de Diego, en medio de la tremenda polvareda levantada en la cancha de tierra, era sobrenatural.

A los ocho años supo que el Cebollitas, equipo infantil de Argentinos Juniors, efectuaría pruebas. Al llegar, le indicaron que por la lluvia era imposible jugar ahí, lo que le supuso un drama, consciente de que no podía pagar el pasaje hasta otro sitio. Un entrenador lo llevó en su coche y, luego de la sesión, lo miró con sospecha. Tras semejante recital de sombreros, túneles, goles, magia, no le creía su edad, pensaba que era un enano.

Cebollitas se convirtió en atracción nacional y Diego tomó fama al ser invitado a dominar la pelota en los entretiempos de los partidos de Argentinos. Así, antes de la adolescencia, con el diez a la espalda y el cabello a lo Pelusa, fue grabado diciendo: «Mi sueño es jugar en el Mundial y salir campeón». Cumpliría eso y mucho más, con el mismo preciosismo con que dominaba la naranja al pasear por el bravísimo Fiorito. ⚽

LOTHAR HERBERT MATTHÄUS

INCOMBUSTIBLE CALIDAD

Nació el 21 de marzo de 1961

No importaba hacia dónde girara la mirada, Lothar Herbert se veía rodeado por niños mucho más altos.

La adolescencia comenzaba y con ella su esperanza de ganar centímetros, pero por mucho que pidiera a su madre que lo midiera casi por rutina, era inútil.

A diez kilómetros de Herzogenaurach, cuna de las marcas deportivas Adidas y Puma, el futbol se colaba por cada ventana de la casa de los Matthäus. De hecho, en Puma trabajaban todos los integrantes de su familia, lo que permitió a Lothar tener balones y zapatos de futbol antes que nadie. Sin embargo, se capacitó en diseño de interiores, pensando que, si la estatura no le permitía patear el balón profesionalmente, prefería alejarse del deporte.

Frustrado porque apenas había diferencia en la medición periódica a la que lo sometía su madre, entendió que sólo jugaría si se consolidaba de otra manera. A falta de corpulencia, Lothar se empeñaría en elevar sus condiciones atléticas. A falta de un físico que arrollara, se impondría con inteligencia. A falta de ese jugador pánzer, tan prio-

Cinco veces mundialista

rizado en tierras germanas cuando Matthäus iniciaba sus pasos a fines de los setenta, surgiría el volante más perspicaz y trabajador, a la par que pulido técnicamente.

Tan regular y disciplinado, tan valorado lo que sabía hacer en cada zona de la cancha, que jugaría al menos un partido por año con la selección alemana durante las siguientes dos décadas. Cinco Copas del Mundo, como ningún elemento de campo antes que él, incluido el impecable marcaje sobre Diego Armando Maradona en la final de México 1986 («Es el mejor rival que he tenido», sentenciaría el argentino) y, por supuesto, su liderazgo en Italia 1990, cuando la *Mannschaft* se coronó con él como capitán.

Fuerte de carácter y competitivo al límite, sorprendió cuando al eliminar a Inglaterra en semifinales mundialistas, lejos de acercarse a celebrar con sus compañeros, se ocupó de lo que le pareció prioritario: ir a consolar al futbolista rival que había fallado el penal.

Lothar Matthäus nunca alcanzó la altura de los demás jóvenes y aprendió a jugar diez centímetros debajo de lo que hubiera querido. En cuanto a su estatura histórica, basta con decir que lo ganó todo. ☉

CARLOS ALBERTO VALDERRAMA
EL PIBE RICITOS DE ORO

Nació el 2 de septiembre de 1961

Como si ese apellido hubiese prometido una cuota anual de goles al equipo Unión Magdalena, el compromiso se respetaba generación con generación. Los Valderrama jugaban tarde o temprano, con mayor o menor talento, con clase o rudeza, para el Unión Magdalena de la caribeña ciudad de Santa Marta.

En el barrio pesquero de Pescaíto, Carlos Valderrama era más conocido por su apodo Jaricho. A la semana de haber tenido un hijo, pidió a su todavía convaleciente esposa que acudiera al estadio, con todo y el recién nacido, para verlo jugar una final. Coronados, su entrenador argentino, se refirió al bebé como «pibe», tal como en su país, y el sobrenombre se quedó. Pibe que cumpliría con la tradición familiar, debutando diecinueve años después con la casaca del Unión Magdalena.

2 ligas en Colombia

Aquel no había sido un debut normal, sino el más esperado para Pescaíto y Santa Marta. Ese joven que presumía unos incipientes risos dorados, enamoraba con su trato a la pelota, con su descaro para intentar toques imposibles, por su don para hechizar el balón. Lo mismo en los «picaditos» improvisados en la playa, que en los duelos que se armaban en cada calle para terror de las ventanas de los vecinos, que en esa dinámica tan colombiana de jugar «a la 21» dominando la esférica.

Se expandió esa cabellera rubia estilo afro, que sería la más célebre del futbol mundial, y se expandió la alegría de su futbol: Carlos Alberto Valderrama vivió para llenar de gozo a toda grada, para no dejar neutral a ningún aficionado.

Renuente a ser sometido, lo mismo sobre el césped por imposiciones tácticas que fuera de él por lo que consideraba injusto, su trayectoria estuvo cerca de terminar cuando apenas había comenzado. Tras una absurda detención, fue golpeado por un policía y devolvió el contacto. Pasó unas noches encarcelado. Sin saber cuándo saldría, temía que, quizá, la cárcel anularía todo lo que soñaba con hacer sobre el pasto.

No se puede dimensionar al Pibe Valderrama con base en partidos, goles o trofeos. Y es que el arte no se refleja a cabalidad en números. ⚽

ENZO FRANCESCOLI
EL PRÍNCIPE MÁS ELEGANTE

3 COPAS AMÉRICA CON URUGUAY
en 1983, 1987 y 1995
CAMPEÓN DE COPA LIBERTADORES
con River Plate en 1996
5 LIGAS
con River Plate
1 LIGA
con Olympique de Marsella
JUGADOR SUDAMERICANO
del año en 1984 y 1985

Nació el 12 de noviembre de 1961

A los ocho años el pequeño Enzo Francescoli estaba enfermo en plena temporada de exámenes y el director de su colegio insistía que era mejor dejarlo descansar toda la semana para recuperarlo el sábado.

¿La razón? Que ese día jugaría futbol el equipo de la escuela y, queda claro, sus artes con el balón eran más necesarias que probar sus conocimientos de matemáticas o historia.

Tanto gozaba del futbol entre amigos, que le costó dejarlo. Lo buscaban grandes equipos, se sabía que no había mayor perla en Uruguay que él, pero Enzo se aferraba a la calle. Años después, convertido en uno de los cracks más refinados y resolutivos del planeta, se aseguraría que fue descartado por tener tan poco cuerpo, algo falso. Si Francescoli continuó jugando sobre asfalto y de manera menos organizada, fue porque desde entonces entendió algo que por siempre defendería: en la cancha se está para disfrutar y para hacer que quienes observan disfruten.

5 ligas con River Plate

El humilde Wanderers se lo quedó y empezó a pulirlo. Entonces, lo que se había pospuesto por goles colegiales, sucedió frenético. A los diecinueve años deslumbraba en la liga uruguaya, a los veintidós ganaba una Copa América como estrella de su selección y de inmediato el River Plate argentino le hacía cruzar el Río de la Plata para convertirlo en una de sus mayores glorias.

Le contratarían en Francia y, más allá de los trofeos individuales y colectivos que conquistó, alcanzó algo más simbólico: ser el ídolo de un muchacho marsellés que, desde el primer día, deseó ser como él. Se llamaba Zinedine y bautizaría a su primogénito Enzo, en honor de ese gran maestro.

Futbol de altísima costura, como para que nadie debatiera el apodo de Príncipe. Introvertido, tímido, con un aire nostálgico, en cuanto recibía la pelota se transformaba y comunicaba en ese lenguaje de gol todo lo que, por su personalidad, callaba fuera del césped. El resto del tiempo parecía ver hacia otra época. Acaso, hacia esos partiditos en el barrio, que alargó lo más que pudo. ⚽

RUUD GULLIT

TULIPÁN MORENO

CAMPEÓN DE LA EUROCOPA
de Alemania 1988

3 LIGAS DE ITALIA CON EL AC MILÁN
en 1988, 1992 y 1993

2 COPAS DE CAMPEONES DE EUROPA
con el AC Milán en 1989 y 1990

SE RETIRÓ EN 1998
siendo jugador-entrenador del Chelsea

Nació el 1 de septiembre de 1962

Imposible pasar desapercibido en la Ámsterdam de los años sesenta para Ruud: siendo el único niño de piel morena que jugaba en la calle de Rosendaalstraat; con la fortaleza física que le daba mayor poderío que al resto; con el entendimiento del futbol que ya mostraba en el club del barrio, el Meerboys.

Su padre, George, había dejado su carrera como futbolista en Surinam. Viajó hasta Holanda decidido a buscar una mejor vida y, con mucho pesar, sólo desembarcar, debió desechar una oportunidad para ser profesional: continuaría con sus estudios de economía, para acceder a un mejor futuro. Entre lo que ingresaban él como maestro y su esposa holandesa en un museo, los Gullit lograron mudarse al barrio de Jordaan. Cerca de la casa donde Anna Frank se escondió durante la Segunda Guerra Mundial.

Balón de Oro en 1987

Cerca, a su vez, del estadio De Meer del Ajax, donde George soñaba que su hijo jugara. Recién instalado en Jordaan, Ruud se encontraría al fin con un adolescente como él: Frank Rijkaard. Los dos surinameses-holandeses; los dos de papá futbolista; los dos cansados de ser discriminados; los dos geniales con la pelota.

El Ajax se enteró de lo que, a la vuelta de sus instalaciones, efectuaba ese par de muchachos, a menudo uno confundido con el otro, con el *look* afro que ambos se permitieron crecer. Citó a sus padres en las oficinas, pero Ruud fue sincero: estaban muy ocupados como empleados y lo mejor sería que los visitaran por la noche en su casa.

Eso no sucedió y el club Haarlem corrió por él. Ruud Gullit tenía dieciséis años y de inmediato emergió en primera división.

La vida paralela continuó con Rijkaard: en 1981 debutaron en el mismo partido con la selección y en 1988 Ruud convenció a su entrenador en el AC Milán, Arrigo Sacchi, de que su viejo conocido Frank elevaría el nivel de ese equipo.

Para entonces, resumía en sí mismo el Futbol Total que se creara en Holanda. Todo lo sabía hacer, con énfasis en la creación y el remate a gol, tan productivo en sacrificio como en creación, trabajador e inteligente.

Ruud Gullit mantuvo en su mente los días de Rosendaalstraat, cuando no sólo se le señalaba por su desempeño sino también por su color. Por eso, cuando en 1987 se le eligió Balón de Oro, dedicó el premio a un Nelson Mandela que seguía en prisión y luego sería su amigo. ⚽

MICHAEL LAUDRUP

TOQUE DE SEDA

Nació el 15 de junio de 1964

2 VECES MUNDIALISTA
en México 1986 y Francia 1998

COPA CONFEDERACIONES
con Dinamarca en 2005

COPA DE CAMPEONES DE EUROPA
con el FC Barcelona en 1992

COPA INTERCONTINENTAL
con Juventus en 1986

7 LIGAS CON JUVENTUS
FC Barcelona, Real Madrid y Ajax

Antes de que eligiera al futbol, él ya había sido elegido por este deporte.

Michael creció impregnado de olor a balón, viendo a su padre, Finn Laudrup, jugar en la selección danesa, y a su tío, Ebbe Skovdahl, forjar una gran trayectoria como director técnico.

En 1973, Finn se convirtió en jugador-entrenador del club Brondby sumido en cuarta división. Ahí llegaría con Ebbe como asistente dentro y fuera del campo, así como con dos niños tan empeñados en integrarse al equipo como los adultos. Eran Michael de nueve años y Brian de apenas cinco.

El hermano mayor estaba en todas partes: observando y escuchando, jugando con los mayores, pateando el balón en cada esquina de las instalaciones. Tan ávido de mejorar y aprendiendo a tal velocidad,

Estrella de Barcelona y Real Madrid

que el Ajax holandés se lo quiso llevar siendo un adolescente: la nueva perla del futbol europeo estaba en Dinamarca y maduraba en un Brondby que, fulgurantemente, ya era de primera división.

Michael continuó en su país, con su evolución supervisada por su didáctico padre y su mayoría de edad celebrada con el mejor regalo: justo en su cumpleaños dieciocho debutaba con la selección. ¿Cómo podía actuar con el oficio y la claridad de un veterano? A su manera, lo era: llevaba toda su vida en el futbol.

Ya dominaba el juego, ya resultaba tan elegante como incontenible, ya rompía defensas con esa técnica tan suya para ver a un lado y filtrar el pase más letal hacia el otro. El imberbe y genial Michelino era considerado el futbolista del futuro. Así fue a la Eurocopa 1984, con los daneses clasificados hasta semifinales, y al Mundial de México 1986, con una primera fase memorable: donde Dinamarca jugaba había goles y espectáculo. En esa constelación, el encargado de pensar y crear era él. No pasaba de los veintidós años, pero ya jugaba para la Juventus, así como después lo haría con el FC Barcelona y, desafiando esa gran rivalidad, con el Real Madrid.

Todos cayeron rendidos ante lo que para Michael Laudrup parecía tan fácil hacer: futbol en su máxima expresión. ⚽

JÜRGEN KLINSMANN
LA CONFECCIÓN DE UN GOL

Nació el 30 de julio de 1964

CAMPEÓN DEL MUNDO
en Italia 1990
CAMPEÓN DE EUROPA
en Inglaterra 1996
MEDALLA DE BRONCE
en los Juegos Olímpicos de Seúl 1988
COPA UEFA CON
Inter de Milán en 1991 y Bayern Munich en 1996
11 GOLES
en tres Mundiales

En una esquina de Stuttgart, muy cerca del Parque de los Ciervos, se encuentra una panadería cuyo letrero anuncia: Bäckerei Klinsmann Konditorei.

Letrero rojo como el uniforme del club local que portaría orgulloso uno de los hijos de esos maestros panaderos. Eso sí, antes de debutar en la Bundesliga con el Stuttgart, el aspirante a delantero Jürgen Klinsmann tuvo que cumplir con la tradición familiar: culminar el curso de confección panadera y dominar ese arte.

Quizá por eso sus goles tuvieron un aire diferente desde su debut en 1984: hechos con calor de hogar, cocinados en el mejor de los hornos, decorados con el ornamento justo, aptos para los paladares más exigentes del balón.

Klinsmann ganaría con la selección alemana la Copa del Mundo de Italia 1990 y la Eurocopa de Inglaterra 1996, en la que además fue el capitán encargado de recibir el trofeo.

11 goles en tres Mundiales

Esa melena rubia siempre iría acompañada por un juego cadencioso, por remates tan delicados como letales, por niveles de oportunismo como para intimidar a todo defensa, por una permanente inventiva para que el balón se acomodara a sus perspectivas de remate, por un afán de perfección sólo entendible si regresamos al maestro panadero Siegfried Klinsmann, en eterna búsqueda de mejorar sus productos y exigir a sus hijos bajo una consigna: «¡No hagas las cosas a medias!».

Por todo ello, el espléndido artillero se adaptaría con pasión a cada país donde jugó; aprendería inglés, francés, italiano, español; complementaría sus conocimientos futbolísticos con estudios universitarios, sentando las bases de la revolución del futbol alemán cuando fue seleccionador entre 2004 y 2006; trabajaría aferrado a otra frase, legado del fundador de la Bäckerei Klinsmann Konditorei: «Honesto en la lucha, modesto en la victoria».

Y es que, tras pasar por ese local vecino al Parque de los Ciervos en Stuttgart, podemos conceder: la confección de un gol hermoso no es tan distinta a la mezcla que deriva en el mejor pan. ⚽

MARCO VAN BASTEN

EL CISNE DE UTRECH

Nació el 31 de octubre de 1964

CAMPEÓN DE LA EUROCOPA
en Alemania 1988
DOS COPAS DE CAMPEONES
con AC Milán en 1989 y 1990
RECOPA EUROPEA CON AJAX
en 1987
TRES VECES BALÓN DE ORO
en 1988, 1989 y 1992
6 CAMPEONATOS DE GOLEO
en 8 años, entre 1984 y 1992

Sentado al piano, todo sensibilidad y armonía, el niño prodigio Marcel deleitaba a quien tuviera la suerte de escucharlo.

En esa casa quien parecía destinado al futbol era su hermano mayor, llamado Stanley, en honor del inglés Stanley Matthews, y no ese Marcel, pronto rebautizado Marco por los problemas de la abuela para pronunciar su nombre.

Cuando los Van Basten se dieron cuenta de que el verdadero portento del futbol era el pequeño pianista, capaz de traducir su fina música en remates, no dimensionaron su genialidad, pero tampoco su vulnerabilidad.

El Aquiles del futbol: como si la diosa Tetis hubiera introducido el cuerpo del bebé Marco al mitológico río Estigia, olvidándose de remojar un tobillo que quedaría del todo endeble.

2 Copas de Campeones

El futuro crack holandés salió de esas aguas pleno en condiciones: trato de seda al balón, velocidad, acrobacia, lectura del juego, drible, inteligencia… y tanta elegancia como para que se le apodara El Cisne de Utrecht.

En 1982 debutó con el Ajax de la forma más simbólica: sustituyendo a Johan Cruyff, deidad del futbol naranja cuyo pedestal estaba llamado a tomar; por supuesto, ese día anotó. Tras un imponente listado de goles, pasó al Milán, donde constituyó la piedra angular del proyecto más revolucionario de los años ochenta.

Dominaría Europa tanto con su club como con su selección, acumularía tres Balones de Oro, redefiniría la noción del delantero perfecto, dejaría para la vitrina jugadas que pudieron ser firmadas por los mayores maestros holandeses de la pintura, Rembrandt con pinceles en los botines… y todo en una escasa década, cuando su tobillo dijo basta.

A los veintiocho años, su hábitat ya no era la cancha sino el quirófano, su única parte frágil terminó por condenarlo: si en la Guerra de Troya fue el talón de Aquiles, en el futbol de finales de siglo fue el tobillo de Marco van Basten.

En el archivo más especial de este deporte, una secuencia se repite sin que disminuya nuestra capacidad de asombro: su gol en la final de la Eurocopa de 1988. Para muchos, la volea más total de todos los tiempos, movimiento digno del bailarín Baryshnikov, parábola imposible según los cálculos matemáticos.

Ese día Van Basten fue Van Gogh. ⚽

GHEORGHE HAGI
EL MARADONA DE LOS CÁRPATOS

Nació el 5 de febrero de 1965

Su primer balón estaba hecho de pelo de caballo. Su primera cancha era una pradera con ovejas pastando. Su primer compañero de juego fue su abuelo, un pastor que había emigrado como refugiado desde los Balcanes hasta ese pueblo del mar Negro, en el este de Rumania.

Patadas a esa peculiar bola, entre mordidas al queso más fresco, cuidando al ganado y conversaciones sobre la tierra que, perseguido y amenazado, tuvo que dejar ese abuelo con el que compartía nombre.

Cuando luego de unos años, Gheorghe Hagi recibió su primer balón como regalo de Navidad, se sorprendió de lo fácil que era tratarlo. Las esferas improvisadas y la superficie irregular del campo lo habían preparado: jugador más virtuoso no volvería a verse en su país.

Con las enseñanzas del abuelo

Hasta la lejana capital, Bucarest, llegaron noticias de lo que Hagi era capaz de efectuar con la pelota. Por orden de las autoridades, en una Rumania gobernada por la dictadura de Nicolae Ceausescu, en 1980 se lo llevaron a una academia: ya era hijo del Estado.

Al cumplir quince años, exhibió sus superpoderes en la selección sub-17. Tanto que lo pretendieron gigantes como FC Barcelona y Juventus, mas la política decidía por él: continuaría donde Ceausescu indicara.

Saltaría al Real Madrid hasta 1990, cuando el régimen había caído, pero antes jugaría para los equipos encabezados por los dos hijos del dictador: primero el Sportul, donde influía el menor, Nicu Ceausescu; después el Steaua, manejado por el primogénito, Valentín.

Capitán de Rumania desde que tenía veinte años, con él su selección calificó a cinco grandes torneos, avanzando a la segunda ronda en cuatro de ellos: muchísimo decir para un representativo habituado a no participar. Tras Francia 1998 había anunciado su retiro del equipo nacional, ante lo que fue preparado un programa de televisión en el que un poeta y diferentes autoridades lo convencieron de acudir a la Eurocopa 2000.

Ahí jugó a su estilo. Con esa mirada melancólica, buscando las tierras que dejó atrás el abuelo y las ovejas ante las que se enamoró del futbol. Con esa fantasía tatuada en cuanto balón pateó, empezando por el de pelo de caballo. ⚽

JOSÉ LUIS CHILAVERT

PORTERO CON CAÑÓN

Nació el 27 de julio de 1965

1 COPA LIBERTADORES
con Vélez en 1994

1 COPA INTERCONTINENTAL
con Vélez en 1994

3 VECES MEJOR PORTERO DEL MUNDO
en 1995, 1997, 1998

FUTBOLISTA SUDAMERICANO
del año en 1996

ANOTÓ 67 GOLES
en su carrera

Cuando José Luis Chilavert consiguió que le permitieran jugar futbol con los niños grandes del barrio de Ñu Guazú, fue bajo una condición: no sería en la delantera, como a él le gustaba, sino como portero, donde nadie se quería poner.

El primer sorprendido al ver su gran capacidad bajo los postes fue el propio Chila, aunque desde entonces ya era imposible dar órdenes a ese muchachito de gesto retador: a él le gustaba marcar goles y nadie le iba a decir que ya no los podía hacer.

Épocas en las que las manos más salvadoras en la historia de Paraguay se curtían ordeñando vacas, en las que sus goleadores pies recorrían pueblos para vender leche.

Fuera en ese trabajo con el que ayudaba a su familia o en cualquier partido de futbol, José Luis mostraba un rasgo que lo definiría a perpetuidad: nunca, nunca, nunca resignarse a perder, o a ser visto para abajo, o a sentirse menos.

Anotó 67 goles en su carrera

Crecía en cuerpo y personalidad, prosperaba en talento para echar fuera todo balón y derrotar al rival desde la más perfecta ubicación, crecía su genio para poner en el ángulo los tiros libres y en las redes cada penalti.

Chilavert llevaría a Paraguay a dos Mundiales, con una influencia en el once como pocas veces se vio en otra selección. El sostén mental del equipo, cuando en Francia 1998 los locales (y futuros campeones) derrotaron a Paraguay con gol en tiempos extra, se ocupó de ir levantando a sus compañeros del césped: que nadie los viera llorar, orgullo y dignidad como puntos de partida.

Anotaría más de sesenta goles y llevaría al Vélez Sarsfield a ganar los mayores trofeos, siempre contra planteles que lucían muy superiores, como el São Paulo en la Copa Libertadores o el mismísimo AC Milán dirigido por Fabio Capello en la Copa Intercontinental.

Cierta vez metió tres goles en un solo cotejo, al mismo tiempo que era premiado hasta tres años como el mejor guardameta del mundo. Como para pensar que haberlo mandado a la portería, cuando era niño y ordeñaba vacas, no fue un castigo sino el mayor favor. ⚽

ROMÁRIO DE SOUZA FARIA

O BAIXINHO

Nació el 29 de enero de 1966

Lo primero que se requiere para ser futbolista, pensaba Edevair de Souza, es tener nombre de futbolista. Por ello, buscó por todos lados en la favela de Jacarezinho una forma original y elegante para llamar a su hijo.

De pronto, la radio anunció el programa, *Romário, o Homen Dicionário*, en el que el conductor jamás erraba el significado de palabra alguna. Así fue bautizado el delantero que no erraría remate alguno.

Desde siempre de mínimo tamaño y de máximo temperamento, el bebé lloraba sin freno en la hamaca que le habían montado sobre unos palos de bambú. Eso cambió cuando Edevair colocó junto a su cabeza una pelota. Así descubrió sus sueños, *O Baixinho* o El chaparrito, nunca tuvo otro camino que el futbol.

14 veces campeón de goleo

Con la violencia desatada en el temible Jacarezinho, los Souza Faria efectuaron grandes sacrificios para mudarse a un lugar distinto en Río de Janeiro. Se instalaron en el barrio Vila da Penha, sabiendo que todos necesitarían contribuir para resistir el nuevo costo de vida. Su padre trabajaba todos los turnos posibles pintando y aplicando yeso a paredes. Su madre lavaba la ropa de sus vecinos, misma que Romário repartía en cada puerta, tras lo que cargaba sandías en los camiones y vigilaba gallineros… sin dejarse de robar alguna gallina cuando el hambre apretaba.

Explosivo de carácter e imposible de controlar, a los seis años ya era un lío que no lo echaran de la escuela. Edevair le prometió que si se comportaba, fundaría un equipo de futbol.

Bajo esa motivación, nació el club Estrelinha, con el que Romario jugaba en una cancha de tierra. Hasta el club Vasco da Gama llegaron referencias de ese «chapulín» que no paraba de hablar ni de hacer goles, aunque lo rechazó por su estatura. Romário, que no era alto y sí muy altivo, aseguró a gritos que ya regresarían. Y así fue.

Con una técnica de tintes mágicos, lleno de recursos y fantasía, transformó cada cancha en su propio carnaval. Al tiempo, si el tocayo al que debía su nombre era el hombre-diccionario, él fue el hombre-diccionario, pero del gol. Con todas las letras los anotó, y con todas las letras polemizó. ⚽

HRISTO STOITCHKOV

FURIA Y GENIO

Nació el 8 de febrero de 1966

La rutina de la ciudad búlgara de **Plovdiv** está marcada por el río Maritsa: no sólo parte a la localidad en dos, sino que históricamente ha enlazado a Europa y Asia, además de dar nombre al equipo de futbol.

Para un niño criado junto a sus aguas no existía mayor sueño que debutar en ese estadio de porterías casi bañadas por el caudal. Niño tan diminuto de cuerpo como rebelde.

El dominio del pequeño Itzo sobre la pelota nada más era superado por su capacidad para inventar pretextos: alguna semana decía a sus padres que su maestro estaba enfermo, otro mes pedía a su prima que falsificara una carta asegurando que no había clases. Conseguido el permiso, andaba veinte minutos a partidos que muy seguido terminaban en pleito. En la mente del más chaparrito e impulsivo de los muchachos de Plovdiv, no cabía la derrota. Tampoco, una carrera lejos del club PFC Maritsa.

Balón de Oro en 1994

En 1982, Itzo quedaba desolado al ser echado del equipo por ser muy bajito. Volvió a casa trabado en llanto, lágrimas arrastradas por el río. Su padre quiso tranquilizarlo, ya vestiría otro uniforme, mas fue imposible: ahí había sido detectado su talento, ahí le alejaron del atletismo para centrarlo en el futbol, ahí fue recoge-balones.

Jugó un año en la fábrica Yuri Gagarin, donde además le pagaban un dólar al mes por trabajar en la producción de cartón. En ese curioso lugar lo descubrió el FC Hebros, cien kilómetros al este siguiendo la corriente del Maritsa, y se lo llevó a tercera división. Súbitamente, Hristo Stoitchkov se estiró.

Dos años después, el CSKA de Sofía lo contrataba. Para entonces era un cohete en potencia al correr y en cada remate.

Su efecto goleador fue inmediato, aunque también su fuego. Una trifulca en la final de 1985 provocó su suspensión y diez meses confinado en el ejército.

A los diecinueve años, por segunda vez pensaba que su futbol estaba enterrado: despertarse de madrugada era menos grave que el castigo de no patear pelota alguna en tanto tiempo. Hristo pensó en dejarlo todo, en escapar del país, inconsciente de lo que venía. Cuatro años después ganaba la Bota de Oro y se abría camino hacia el FC Barcelona, donde sería ídolo máximo.

Su poderío físico ya nada tenía que ver con el niño descartado por el Maritsa. Su carácter sí. Siempre fue el mismo: indomable y ganador. ✪

GEORGE TAWLON MANNEH
WEAH
GOLEADOR PRESIDENTE

Nació el 1 de octubre de 1966

BALÓN DE ORO EN 1995
2 LIGAS CON EL AC MILÁN
en 1996 y 1999
4 TÍTULOS CON PARÍS SAINT GERMAIN
entre 1993 y 1995
PRIMER AFRICANO ELEGIDO
mejor jugador por la FIFA

Las frágiles paredes de la choza amenazaban con caerse a cada viento que soplaba desde el océano Atlántico. Láminas entre las que dormían los niños criados por Emma Klonjlaleh Brown, incluido uno de sus más pequeños nietos, el inquieto George.

Con la prematura muerte de su padre y el trabajo que había alejado a su madre, a esa vida despertó el futuro crack mucho antes de aprender a decir palabra.

Vendía palomitas y donas a la puerta de las escuelas, buscaba en los basureros botellas y cuanto pudiera cambiar por algunas monedas, caía en la tentación de vicios como toda criatura en el arrabal liberiano de Clara Town.

Malos pasos sólo evitados por la matriarca Emma, tan tierna como estricta en la formación de George Weah: lo primero, estudiar; lo segundo, contribuir a la casa, trabajando en algún momento como técnico de telecomunicaciones. Sólo después de eso, corretear una vieja pelota, descalzo sobre lodazales, pisando superficies manchadas del peor desperdicio que se pueda imaginar.

Pese a que en el humilde hogar de la abuela...

Balón de Oro en 1995

se comía lo que se podía, siendo el pollo un lujo limitado a cada Navidad, la genética tenía reservadas algunas sorpresas: ese niño desnutrido se convertiría en un fornido adolescente, transformado también por la incesante labor física que efectuaba a diario. Si la única manera de salir de los sobrepoblados pantanos de Clara Town era el futbol, Weah no escatimaría en esfuerzo: nunca se vio en Liberia, difícilmente se verá de nuevo, joven que conjugara tamaña potencia con esa disciplina.

Pronto se supo de él y a los catorce años ya se integraba a un equipo profesional, a lo que siguió un paso fundamental: que la liga camerunesa lo haya contratado y luego recomendado con Arsène Wenger, quien por entonces dirigía al AS Mónaco.

El resto es más conocido: muy posiblemente el mejor futbolista africano de la historia, goles monumentales, ser nombrado el mejor jugador del mundo y llamado King George, su lucha por los Derechos Humanos y la paz en una Liberia sometida por la más sangrienta dictadura, llevar a sus compañeros de selección a comer a casa de la abuela Emma, pagar él mismo primero los gastos del equipo nacional y luego lo que requiriera quien lo parara en la calle... y su remate cumbre tras el retiro: que en ese Estadio Samuel Doe al que llegara a jugar en su adolescencia, incómodo por calzar zapatos ajenos y tachado de delincuente por ser Clara de Town, tomaría protesta como presidente de la nación en 2018. ⚽

JORGE CAMPOS
COLOR EN DEFENSA Y ATAQUE

Nació el 15 de octubre de 1966

No creció soñando con el paraíso del futbol, ni esperando que su carrera lo sacara de esa casa sin aire acondicionado; para Jorge el paraíso estaba en el pueblo de Plan de los Amates, entre deporte y familia, risas y caballos, ganado y mar.

Un niño tan humilde como autosuficiente, al que su abuelo le enseñó a hacerlo todo en el rancho: con vacas, gallinas, cultivo y pesca.

Su padre iba y venía con múltiples empleos, dejando tras de sí un mensaje de exigencia y tenacidad. ¿Vida nocturna a diez kilómetros en el turístico Acapulco? Eso no era para sus hijos, concentrados en lo suyo, incluido el deporte. Si en el agua, surfear; si en la playa, patear balones, en una cancha a la que el abuelo añadió porterías de varas de carrizo.

Jorge quería ser portero, pero tanto su hermano como su tío eran mucho mejores que él. Siendo el menor, lo empujaron hacia la delantera. Así nació una doble vocación: si vivía entre olas y arena, también podía hacerlo entre arco y ataque.

Anotó 47 goles

Con quince años tenía poca estatura y menos complejos. Mientras que la mayoría de los aspirantes a cuidar una meta se preocupan por ser altos, Jorge se ocupaba por saltar más que nadie, desarrollar condiciones físicas únicas, aprovechar su dualidad para al enfrentar al delantero pensar como él y al encarar al portero también, desde entonces anticipar todo… y bromear ante todo.

Su padre pidió al exjugador Luis Estrada que lo puliera. El llamado Chino aceptó: Jorge se deshizo codos y rodillas con incontables caídas sobre piedras, mas se doctoró.

El mismo Chino se lo recomendó a Miguel Mejía Barón, quien, llevándoselo a Pumas, le aseguró que sería profesional en la posición que decidiera.

Así cambió su paraíso por la capital, con semejante nostalgia que cada que juntaba dinero para un autobús, volvía aunque sólo fuera para oler el mar por unas horas. En Pumas sobraron los apodos (Acapulco, Súrfer, Lanchero) y la confianza: empezó como delantero y, al sumar veintidós goles en un año, regaló todos sus guantes, asumiendo que ya no regresaría bajo los postes; luego hizo falta portero y como tal se inmortalizaría en la selección.

Célebre a nivel mundial, en Los Amates nada cambió: ni su paraíso, ni que ya siendo mundialista lo mandaran a comprar tortillas. ⚽

IVÁN LUIS ZAMORANO
BAM - BAM, EL HELICÓPTERO

Nació el 18 de enero de 1967

En una cancha de piedra y tierra se habían conocido sus padres. También en una cancha de piedra y tierra se había encontrado a sí mismo un niño llamado Iván, por entonces apodado El Piojo.

No tenía más de cinco años, pero suficiente pinta de futbolista como para que su papá volviera a casa insistiendo: «aliméntenlo bien, que va a ser un crack». Ese padre que lo motivaba y exigía a diario, que hablaba de perseverancia y lucha, que había conseguido que en su familia no se pasara hambre, pese a vivir en un sitio muy marginal en las afueras de la capital, Santiago de Chile. Ese padre al que tanto echó en falta Iván Zamorano cuando teniendo trece años quedó huérfano.

No cedería en su empeño de ser jugador, aunque se hizo necesario combinarlo con trabajo para obtener algunas monedas y apoyar

Campeón de goleo en España

a su madre. De la noche a la mañana, Iván se obligó a convertirse en adulto. Ayudaba a su tío que tenía un camión de basura, recorría ferias juntando desperdicios. Con la misma dignidad con la que muy pronto anotaría goles en los mejores estadios del mundo, cumplió con diversos oficios.

Su padre pudo ver desde algún sitio en lo que se transformó ese joven. Creció con gran fortaleza y aprendió a saltar con tal potencia que muchos le decían «helicóptero».

Una pasión a fuego vivo, como para que todas las aficiones lo convirtieran en uno de sus consentidos, como para que se sintieran reflejados en ese delantero aguerrido e incansable.

Paso a paso, firme y esforzado: segunda división de Chile con Cobreandino y primera con Cobresal; el St. Gallen suizo como puerta a Europa y el Sevilla como inicio de su andar español; dos gigantes como Real Madrid e Inter de Milán; devolver al América mexicano una liga imposible por muchos años y cumplir su sueño de vestir el uniforme de Colo-Colo, al que no cobró por sus servicios.

En el recuerdo, el balón de ese club chileno que su papá colocó junto a su cuna. Ese balón marcado con el escudo colocolino con el que Zamorano acudiera por primera vez a la cancha de piedra y tierra en la que se forjó. ⚽

ROBERTO BAGGIO
EL CODINO QUE PINTABA CAPILLAS

Nació el 18 de febrero de 1967

SUBCAMPEÓN DEL MUNDO
en Estados Unidos 1994
TERCER LUGAR MUNDIAL
en Italia 1990
JUGADOR DEL AÑO
para FIFA en 1993
CAMPEÓN DE LIGA
con Juventus y AC Milán
1 COPA UEFA
en 1993 con Juventus

Entre Venecia y Florencia, tal como quinientos años atrás con el Renacimiento, Roberto Baggio hizo renacer al futbol italiano.

Por ello, cuando fue descubierto su don para pintar jugadas de fantasía, para hacer con el balón esculturas, para convertir sus pases en trazos arquitectónicos, para inventar a cada momento, no dudaron en apodarlo Raffaello.

Desde el inicio, los directores técnicos coincidían en dos circunstancias: el fastidio por no poder someter a ese pequeño mago, sólo obediente a sus instintos; y la gratitud por no haberlo hecho, ya que con libertad para crear, Baggio resolvía todos los partidos.

El club Vicenza se enteró de que en Caldogno, en la región veneciana, había un niño que pasaba las tardes cumpliendo peculiares desafíos: hacer que pegara su disparo contra una farola, contra un delgado poste, contra el más diminuto punto. Ese mismo que, a cada partido, congregaba a los diez mil habitantes del pueblo para verlo jugar contra muchachos cinco años mayores que él.

Tenía trece años y ya se había pagado un traspaso por él. En Vicenza creció tanto, todavía en divisiones de ascenso, que la Fiorentina y la Juventus peleaban por su contratación. A unos días de definirse el traspaso, se fracturó de gravedad. No pasaba de los dieciocho años y los médicos le hablaban con pesar: quizá nunca podría volver a jugar.

La Fiore confió en su recuperación y asumió el riesgo. Craso error, llegó a pensar, tras dos años en los que disputó muy pocos minutos, aunque en 1988 al fin explotaba. Tenía veintiún años y, como buen artista italiano, vivía su Renacimiento en pleno Florencia.

La Juve entendió que se había equivocado y tuvo que romper el récord del traspaso más caro de la historia a fin de quedárselo. Para entonces, ya era el mayor crack de una selección italiana en la que todos parecían obstinados en defender, menos ese artista que se sostenía el cabello con una coleta: *Il Divin Codino*, lo llamaban con devoción, el divino con su cola de caballo.

Digno portador del apodo Raffaello, digno de Venecia y Florencia, entre las que, ese niño que jugaba a atinarle al farol, hizo del futbol un lienzo y de la cancha su Capilla Sixtina. ⚽

jugador del año en 1993

PAOLO MALDINI
LA DEFENSA COMO ARTE

Nació el 26 de junio de 1968

Una foto contemplaba a los Maldini desde la pared: era Cesare, con la sonrisa más exultante, alzando la Copa de Campeones como capitán del AC Milán. Sucedió cinco años antes de que Paolino, el cuarto de sus hijos, naciera.

En una casa en la que, ante la celebridad del papá, se insistía en que cada cual siguiera su propio camino y en la que, por paradójico que parezca, se hablaba poco de futbol, Paolo podía no decirlo, pero tenía claro su sueño: levantar el mismo título que su padre.

Cuando Paolo estaba jugando con sus amigos en el patio de la casa, muy de vez en vez contemplaba a Cesare asomándose desde la ventana. ¿Algún consejo o presión? Ninguno. Era tal el afán de darle libertad, que el niño apoyaba al acérrimo rival, la Juventus, y no al AC Milán con cuyo uniforme aparecía en la foto su papá.

647 partidos en Serie A

Cuando en 1978 Cesare se dio cuenta de que su hijo deseaba ser futbolista, se limitó a consultarle: ¿quería ser probado en el Inter o en el AC Milán?, ¿prefería actuar en la portería o en el campo? Ni siquiera él entendía que Paolo sería defensa y milanista… como él.

Lo acompañó al primer entrenamiento. Impresionado por tener ante sí al legendario Cesare, el entrenador de los infantiles lo interrogó por las características de su hijo. Todavía continuaba hablando, cuando el papá ya se estaba marchando. De espaldas, murmuró: «No tengo idea, él sabe hablar, si gustas pregúntale». Eso no bastó para evitar que Paolino siempre cargara con el estigma de ser favorecido por su apellido.

Por ello, se esforzó más que nadie. Tanto como para, de mucho practicar su técnica con la zurda, haberse hecho igual de impecable con las dos piernas. Tanto como para correr a la par del tranvía, camino del colegio, buscando velocidad. Tanto como para llegar a ser uno de los mejores defensas de la historia, superando por mucho a su ya de por sí destacado padre.

A los dieciséis años le tocó debutar de forma tan sorpresiva que ese día no llevaba zapatos. Le prestaron unos más pequeños y no se quejó. Por la noche metió sus pies en hielo y, quizá, giró la mirada hacia la fotografía en la pared: faltaba mucho, pero Paolo tendría cinco imágenes portando ese mismo trofeo. ⚽

GABRIEL OMAR
BATISTUTA
BATIGOL, EL LEJANO AL FUTBOL

Nació el 1 de febrero de 1969

Ni el televisor repitiendo partidos, ni la radio gritando goles, ni la sobremesa debatiendo entre si un equipo o el otro. En la casa de los Batistuta era como si el futbol jamás se hubiera inventado.

Sus padres vivían demasiado ocupados trabajando en el campo de la localidad de Reconquista como para enterarse de lo que pasaba en ese enigmático deporte. Tan apegados a su labor, que Gabriel fue criado por su abuela: una mujer consentidora, cuyas delicias en la cocina contribuían a que el niño subiera de peso. Eso, más los alfajores que devoraba, hacía que lo llamaran gordo.

Sin embargo, ya mostraba una genética especial. Su poderío físico le permitía brillar lo mismo en basquetbol y voleibol, que en ese futbol tan ignorado en su hogar.

207 goles con la Fiorentina

Al empezar la adolescencia recibió una asignatura de sus padres: distribuiría los huevos generados en sus tierras, aunque con el problema de tener poca delicadeza y sufrir para no romperlos todos a cada jornada.

Más que por pasión o por perseguir un sueño, decidió seguir jugando futbol porque remataba como nadie en Reconquista, sí, pero también para evitar que su padre lo empleara en un taller mecánico.

De hecho, Gabriel Omar ya acudía a una escuela técnica, cuando un incidente automotriz le abrió el camino: el autobús de la selección juvenil de Argentina se descompuso cerca de Reconquista y, necesitada de disputar un cotejo que soltara las piernas de sus convocados, se le buscó un rival local. Tremendo hallazgo, la albiceleste perdió con dos goles de ese robusto delantero que había llegado en bicicleta.

De esa forma el club Newell´s se apuró para contratar a ese portento de contundencia, aunque primero su entrenador de tercera división, un tal Marcelo Bielsa, convenció a Gabriel de que era urgente renunciar a los alfajores.

Tan ajeno era su padre al futbol, que al ver el dinero con el que volvía su hijo a casa, temió que estuviera en malos pasos. Más incluso, al contemplar sus primeros partidos, preguntaba a Pablo, el mejor amigo de Gabriel, por lo que era un penal, por cómo se marcaba un fuera de lugar, por las reglas básicas del balompié.

Sólo así, en la casa menos futbolera de Argentina, se empezó a ver futbol: sólo siendo la cuna de uno de los mayores fenómenos de gol de la historia. ⚽

ZINÉDINE ZIDANE

ZIZOU GALÁCTICO

Nació el 23 de junio de 1972

CAMPEÓN DEL MUNDO
en Francia 1998
EUROCOPA
en Bélgica/Holanda 2000
3 VECES JUGADOR DEL AÑO
según FIFA en 1998, 2000 y 2003
1 CHAMPIONS LEAGUE
con Real Madrid en 2002
3 CHAMPIONS LEAGUE COMO
entrenador con Real Madrid en 2016, 2017 y 2018

Casualidad o predestinación: el mismo nombre del barrio bravo marsellés donde nació, La Castellane, y de la avenida madrileña a la que después llegaría como el jugador más caro de la historia, La Castellana.

El primero, bajo las condiciones menos afortunadas de su país. Si el puerto de Marsella es uno de los sitios más empobrecidos de Francia, La Castellane es uno de los barrios más problemáticos de esa ciudad.

Ahí, Smail Zidane, inmigrante llegado de Argelia en 1953, luchaba para que sus hijos tuvieran la educación que a él le faltó. Se desbarataba los brazos como albañil, pasaba días sin dormir como vigilante nocturno, resistía todo para dar a su familia lo que jamás soño en esa aldea argelina donde ni siquiera había aprendido a escribir y vivía en un cuarto sin cama ni mesa.

3 veces jugador del año

De pocas palabras y tímido, como su hijo futbolista al que llamaba Yazid, el padre repetía una frase: «Un inmigrante tiene que trabajar el doble que los demás». ¿Millones de euros, Copas del Mundo, Balones de Oro? Su verdadero objetivo era que sus descendientes se mantuvieran alejados de los vicios y la delincuencia tan comunes en La Castellane, que fueran respetuosos y se hicieran respetar. Ninguna mejor forma de lograrlo que el deporte.

Cuando Yazid tenía catorce años, su talento se conoció más alla de Marsella y lo buscaron de la vecina Cannes para contratarlo; muy de barrio y a la vez muy de familia, vivió en la casa de un directivo, quien vigiló su bienestar . Tras dos años de enseñanzas, debutaba en primera división, en 1989, y todo iría ya tan rápido como la mente del crack en la cancha.

Llevaría a la selección francesa a lo máximo. Brillaría con la Juventus. Se elevaría a lo más alto con el hermoso gol de volea que otorgó una Champions League al Real Madrid.

Futbol de la más fina etiqueta, en su pausa, en su fantasía, en las ruletas que hacía al girar sobre la pelota, en la precisión, en la visión, en la permanente invención.

De La Castellane a La Castellana, tantísimos trofeos después, Yazid no había cambiado demasiado: el mismo personaje introvertido y mesurado, de sonrisa ligera y voz baja, tan parecido a Smail; ese inmigrante argelino que, trabajando el doble que los demás, se aseguró de que sus hijos crecieran alejados de vicios. ⚽

LUÍS FILIPE
MADEIRA CAEIRO 'FIGO'
ORNAMENTOS AL BALÓN

Nació el 4 de noviembre de 1972

Cada que esos extraños repetían a María Joana que su único hijo tenía talento para el futbol, la joven madre subía el tono de su negativa. Si emigró con su esposo desde el sur de Portugal fue para dar estudios a ese niño que, más allá de las filigranas con el balón, brillaba en matemáticas.

Cuando el matrimonio de los Madeira Caeiro se instaló en Cova da Piedade, al otro lado del río Tajo respecto a Lisboa, recién se había inaugurado el puente que acercaba ese sitio a la capital y lo hacía pasar de pueblo a suburbio. Ese puente que atravesaba Luís Felipe con su padre cuando los ahorros les permitían darse el lujo de ver jugar al club de sus amores, el Benfica.

Los dribles de Luís, la resolución con la que conducía hacia la portería, no sólo entusiasmaban a esos emisarios que pretendían reclutarlo con apenas once años. Para entonces, buena parte de la barriada ya se había impresionado con su arte y lo llamaba Figo.

Balón de Oro en 2000

Finalmente, los emisarios del club Os Pastilhas, Las pastillas, consiguieron registrarlo y el efecto fue inmediato. El menor en edad, peso y estatura de ese plantel, no era sólo el más talentoso, sino también el que mandaba en la cancha. El principal rival de Os Pastilhas quiso convencerlo de cambiar de uniforme, un factor que marcaría en fuego su camino: ser deseado por sus oponentes.

El Benfica lo rechazaría, frustrando el sueño de su padre. Así llegó al otro gigante lisboeta, el Sporting, con tan buenos resultados que a los dieciséis años ya debutaba en primera división y era la estrella de la selección campeona de Europa sub-17. Por supuesto, el Benfica recapacitó, aunque ya no pudo anular el contrato y quedárselo.

Pronto fue Campeón del Mundo sub-20 y tuvo un nuevo lío al hallarse entre dos firmas con clubes italianos: una lo ligaba a la Juventus; la otra, al Parma. Esa discusión permitió que entrara en escena el FC Barcelona, del que se convirtió en crack y símbolo.

Así, hasta que el Real Madrid tuvo el mismo síndrome que el rival de Os Pastilhas, pero consiguiendo seducirlo.

Nunca dejó atrás esa condición de fruto de la discordia, esa predisposición al amor prohibido. Tampoco, su forma de jugar. En el obrero Cova da Piedade o en el glamuroso Estadio Bernabéu, Figo fue magia en la banda. ☺

CUAUHTÉMOC BLANCO
FUTBOL DE BARRIO

Nació el 17 de enero de 1973

3 GOLES EN 3 MUNDIALES
1998, 2002 y 2010
COPA CONFEDERACIONES EN MÉXICO 1999
2 COPAS ORO EN 1996 Y 1998
2 COPAS DE CAMPEONES CONCACAF
con Club América en 1992 y 2006

En las profundidades más marginales de México, en el barrio de Tlatilco (en náhuatl, «lugar oculto bajo tierra»), se escondía un niño tan resignado al hambre como a luchar.

Todos los integrantes del equipo Impala se parecían en sus profundas carencias, pero sólo Cuauhtémoc necesitaba portar un uniforme prestado. En esa liga el único club que contaba con ciertos recursos, le ofreció ropa y comida por jugar para ellos. La respuesta del niño fue tajante: hambriento y harapiento, se quedaba con sus amigos.

Criado por su madre, doña Tencha, y con su bisabuelo Baldomero como lo más cercano a una figura paterna, el reino de Cuauh era una cancha recortada por las vías del tren. Ahí, pulía dos armas: por un lado, tal dominio del balón

Campeón de 2 Copas Oro

como para inventar a diario una manera de eludir rivales; por otro, un carácter digno del de su mamá, supervivencia transportada al futbol.

Aunque escuchaba burlas por su postura desgarbada, Cuauhtémoc solía imponerse; fuera con las gambetas más humillantes, fuera con su agilidad para responder y repartir apodos.

Desde los ocho años se había autoempleado: lavó coches, despachó videos piratas en Tepito, vendió sabanas en la calle, resignado a que lo del futbol no funcionaba. Su abuela lo había llevado al club Atlante, sin que lo tomaran en serio. A ese rechazo se añadió el del América, donde lo probaron como defensa, renuentes a creer que con ese andar reuniera tanta habilidad; ese día, Cuauh se fue llorando, rogando que lo dejaran mostrar su talento como delantero, mas se limitaron a decirle que si tan bueno era, en cualquier posición brillaría.

Con calcetas raídas y zapatos rotos, en 1989 arrasaba en un torneo entre las delegaciones de la capital. Un cazatalentos le aseguró que el América ahora sí lo quería en el ataque. Orgulloso, puso como condición que lo esperaran a terminar su certamen, que antes no abandonaría a su equipo.

Para llegar a las instalaciones de Coapa transbordaba varias veces y caminaba largos tramos para abaratar el traslado. Lo que no gastaba en pasajes iba directo a la bolsa de su madre.

Poco después, cuando presentó su cuauhteminha en el Mundial de Francia 1998, Tlatilco, ese lugar oculto bajo tierra, se hizo visible a través suyo.

Juego tan creativo como quienes deben hallar cómo subsistir, juego tan bravo como quienes no tienen la excusa como posibilidad, juego pícaro como sólo él. ⚽

ROBERTO CARLOS DA SILVA
UN PROYECTIL COMO LATERAL

Nació el 10 de abril de 1973

CAMPEÓN DEL MUNDO
en Corea/Japón 2002

3 CHAMPIONS LEAGUE
con el Real Madrid, en 1998, 2000 y 2002

2 COPAS AMÉRICA, EN 1997 Y 1999

MEDALLA DE BRONCE
en los Juegos Olímpicos de Atlanta 1996

BALÓN DE PLATA EN 2002

Entre las múltiples propiedades que se atribuyen al café, tendría que analizarse una adicional. ¿Cómo ese bebé nacido entre las plantaciones cafetaleras del pueblo de Garça pudo desarrollar esas capacidades de superhéroe? ¿Los disparos al balón a ciento cincuenta kilómetros por hora? ¿Las parábolas imposibles de sus tiros hacia el ángulo, tras haber aparentado ir rumbo a la línea de banda? ¿Correr cien metros en poco más de diez segundos? ¿Su potencia para elevarse setenta centímetros en un salto? ¿¡Su don natural para adueñarse, por sí solo, de toda la banda izquierda?!

En una derruida casa de madera al interior de una hacienda cafetalera, vio su primera luz ese niño de gruesísimos muslos, al que bautizaron Roberto Carlos en honor al cantante favorito de sus padres.

Balón de Plata en 2002

Caminaba descalzo y sin camisa, aunque siempre alegre y dispuesto para las labores del campo: proteger cafetos, recolectar granos, acompañar a su papá a distribuir el producto en camión… y, en sus ratos libres, pegarle al balón en dirección a la portería imaginaria que había definido entre cultivos.

Lo natural, dada su velocidad y rapacidad de cara a la portería, era que fuera delantero, imposible sospechar que se estaba criando el mejor lateral zurdo de la historia. Como atacante comenzó a jugar de manera organizada, cuando la imposibilidad de darle sustento en Garça obligó que se mudara a la casa de la abuela, en el poblado de Ararás.

Sólo tenía doce años y, lejos de acudir a una escuela, pasaba jornadas enteras empleado en una fábrica de tejidos. En algún partidito de barrio, un entrenador tuvo la feliz idea: lo colocaría como lateral.

Así lo conoció el União São João y no dudó en incorporarlo a su plantel juvenil, pero había un problema: la fábrica le exigía que continuara trabajando, como pretexto para alinearlo en los cotejos de su equipo.

Más tardó en resolver su desvinculación, que en adquirir resonancia nacional. Con dieciséis años era convocado a la selección nacional sub-20, algo rarísimo dada la poca notoriedad que suelen tener clubes tan humildes como ése.

A partir de eso, todo cambió, menos el milagroso efecto del café. Con ese hombre bala por la izquierda, el Real Madrid y Brasil volaron de vuelta a sus años de esplendor. ⚽

JAVIER ADELMAR ZANETTI

CABALLO DE HIERRO

Nació el 10 de agosto de 1973

1 CHAMPIONS LEAGUE EN 2010

1 COPA UEFA EN 1998

MEDALLA DE PLATA
en los Juegos Olímpicos de Atlanta 1996

RÉCORD DE PARTIDOS
en el Inter de Milán, con 858 apariciones

EXTRANJERO CON MÁS JUEGOS
en la Serie A, con 615 apariciones

El hombre de acero, el portento que jugaría más de mil cien partidos profesionales, el inquebrantable sinónimo de resistencia… vio su primera luz con fragilidad. Al nacer, Javier experimentó problemas respiratorios.

Gracias a los esfuerzos de un médico llamado Adelmar, ese bebé salió adelante y, agradecidos, sus padres le añadieron un segundo nombre: Javier Adelmar Zanetti.

Al paso de los años, el niño no crecía como el resto de los muchachos del barrio de Dock Sud en Avellaneda. Probaba con ciertos ejercicios, remedios caseros, hasta una dieta basada en lentejas, mas nada: continuaba tan pequeñito. Eso frustró su sueño de jugar para el club Independiente: en 1989 fue rechazado y su proyecto de vida futbolera quedó triturado.

615 juegos en la Serie A

Así que con dieciséis años se integró al trabajo con su padre: picar piedras y ayudar en la construcción, repartir leche a las cuatro de la mañana y vender verduras; cuerpo de infante, pero responsabilidad de adulto, necesitaba sentirse útil para la familia.

Javier siguió pateando balones en sus ratos libres. Cierto día se le rompieron los zapatos de futbol y su madre logró coserlos con un hilo: nada de dramas en la esforzada casa Zanetti, sólo humildad y perseverancia.

De pronto, el adolescente comenzó a elevar su estatura. Cada semana parecía ganar centímetros. Lo que no pudieron las lentejas, lo regalaba su naturaleza.

A los diecinueve años se integró al Atlético Talleres de Remedios de Escalada en segunda división, con un crecimiento futbolístico sólo equiparable al que su cuerpo había mostrado. La noche previa a su debut como titular algo le dolía, aunque tras todo lo superado, nada le arruinaría el momento. Su padre le recomendó ponerse un ladrillo caliente en la zona lastimada: tan sencillo como eso y para adelante.

Dos años después, ya como seleccionado argentino, el Inter de Milán lo contrataba. Un desconocido en Italia, llegó al primer día de entrenamiento con sus zapatos en una bolsa de plástico y pidiendo permiso a la masa de periodistas para que le abrieran paso hacia la cancha.

Entonces pisó el pasto y ya no lo soltó por casi dos décadas. Tenía cuarenta y un años y era el futbolista que más veces había vestido tanto el uniforme del Inter como el de su selección. ⚽

FABIO CANNAVARO
DE SCUGNIZZO A CAPITANO

Nació el 13 de septiembre de 1973

Estiró las manos deseando que el remate de Claudio Caniggia fuera directo a él, incluso imaginó que el balón le caía a un lado de la portería y preparó el movimiento para devolverlo.

Sin embargo, la red se interpuso: Argentina había igualado la semifinal contra Italia y minutos más tarde la eliminaba en las semifinales del Mundial de 1990.

Por varias noches, Fabio Cannavaro siguió soñando con esa escena, sin resignarse a que era verdad lo que observó desde primerísima fila; el trauma de haber sido recoge-pelotas en el estadio de Nápoles durante esa Copa del Mundo, en ese fatídico partido y tras ese maldito arco.

Antes, cuando tenía ocho años en 1982, la narración de la coronación *azzurra* le había convencido de que tenía que dedicarse al futbol.

2 ligas con Real Madrid

«Campioni del mondo! Campioni del mondo!», se repetía con eco en su cabeza, deseando ver de nuevo a su selección en lo más alto. Desvanecido el sueño en 1990, asumió ese reto como algo personal: él, y nadie más, se ocuparía de recuperar la gloria para su tierra.

Sus orígenes eran los del común de los napolitanos de bajos recursos. Un *scugnizzo*, ese niño callejero, sin muchas perspectivas de futuro, cuyos días se alegran pateando un balón en los oscuros callejones del caótico puerto italiano.

Otra vez testigo de honor, en el club Nápoles le tocaría entrenar ante el mayor ídolo que esa ciudad haya tenido, Diego Armando Maradona, quien a fines de los ochenta llevaba a ese humilde equipo a la cima. En alguna ocasión, el scugnizzo se barrió intentando despojar de la pelota al Diez, pero en lugar de eso lo golpeó y derribó. Todos se espantaron, menos el crack argentino, quien felicitándolo por su personalidad, le dejó como regalo sus zapatos.

Ese aplomo iría en aumento y en Alemania 2006 escucharía el clamor de «Campioni del mondo!», cuando él mismo recibió el trofeo como capitán.

Dieciséis años después de que el remate de Caniggia quedara en las redes y no en sus manos, Cannavaro podía festejar una corona mundial. El scugnizzo volvía a estar en la cancha, aunque esta vez dentro y como personaje principal. ⚽

RYAN GIGGS

EL MAGO GALÉS

Nació el 29 de noviembre de 1973

2 CHAMPIONS LEAGUE
en 1999 y 2008
13 PREMIER LEAGUES
entre 1993 y 2013
RÉCORD DE PARTIDOS
con Manchester United, con 963 juegos
RÉCORD DE ASISTENCIAS
de la Premier League, con 162 pases de gol
OLÍMPICO EN LONDRES 2012
con la selección británica

Otra mala temporada para el Manchester United, habituado en esos años ochenta a arrastrar el enorme prestigio de ese club.

Los jugadores volvían al vestuario enojados, aventando todo contra la pared, dejando un reguero que tenían que levantar y ordenar las promesas adolescentes.

Ryan Giggs, por entonces con quince años, alternaba esas engorrosas tareas con los partidos en el equipo juvenil. Recogía los conos del entrenamiento, las casacas utilizadas por los reservas, los balones desperdigados, siempre pendiente de respetar las reglas, no fuera a ser que el joven entrenador, Alex Ferguson, considerara que en algo se había equivocado.

Su habilidad en el campo era tan notoria que la mayoría de los profesionales ya lo conocían, incluso le aconsejaban, aunque inconscientes de que en sólo un par de años ese muchacho sería la roca central en el regreso del United a su sitio de honor.

13 Premier Leagues

Meses antes, un tal Ryan Willson había conquistado una final colegial, siendo entrevistado por la televisión local. Willson, apellido paterno que Ryan sustituyó por el Giggs de su madre luego de que se divorciaran. Mismo Ryan Willson que jugó con selecciones inglesas menores, antes de dejar claro que sólo sería internacional por su natal Gales.

Antes del cambio de apellido y de selección, Giggsy había sido descubierto de la manera más curiosa: por el lechero que aprovechaba sus caminatas por el barrio para detectar talento. En cuanto lo vio correr por la banda y acelerar en diagonal hacia la portería, pidió permiso a su madre para entrenarlo y llevarlo al Manchester City.

En eso estaban, pero el City se tardó y apareció Alex Ferguson en la casa del prospecto para asegurarse de que firmara por el United.

Veintisiete años después, Old Trafford despedía con lágrimas al futbolista que más trofeos ha ganado en la historia de los Red Devils.

En el adiós habrá pensado en el lechero que divisó su potencial, en el entrenador que lo guio a tantas glorias, en la brillante generación que compartió con Beckham, los hermanos Neville y Butt, en el vestuario que limpiaba cuando era niño y soñaba con devolver al United a la cima. ⚽

RONALDO LUÍS NAZÁRIO DE LIMA

EL FENÓMENO

2 COPAS DEL MUNDO
en Estados Unidos 1994 y Corea/Japón 2002
2 COPAS AMÉRICA
en Bolivia 1997 y Paraguay 1999
2 TROFEOS PICHICHI
Barcelona (1997) y Real Madrid (2004)

Nació el 22 de septiembre de 1976

Para que los hijos de Nelio y Sonia estudiaran en un colegio privado, los sacrificios eran enormes.

Una casa cuyo único electrónico era un televisor, donde el refrigerador resultaba un lujo imposible, donde los dos niños mayores dormían en el sofá y el menor lo haría, hasta pasados varios años, en el cuarto de sus padres.

Ese menor bautizado como Ronaldo, al que todos llamaban Dadado por la forma en que su hermano pronunció su nombre en un inicio.

El sueldo de su padre en una empresa telefónica les daba un mejor ingreso que a la mayoría en Bento Ribeiro, al norte de Río de Janeiro. Sin embargo, vivían con carencias, bajo el anhelo de priorizar la educación.

Pese al esfuerzo, Dadado era un desastre en la escuela. Desastre tan grande como su resplandor al jugar futbol. Como cancha utilizaba un patio trasero tan inclinado que desarrolló una gran potencia.

3 veces jugador del año

Desde ahí, enfadaba a su tío Iremar al lastimar sus plantas a cada atroz remate.

Para un niño de escasas palabras y que temía a la oscuridad antes de dormir, la terapia llegó con la pelota. Cuando comenzó a ser elegido antes que su hermano mayor en los partiditos del barrio, ganó en autoestima.

A los nueve años se probó en un club de futbol de salón, aunque lo hizo como portero al ver que la fila para delanteros era interminable. Un día ese guardameta se sumó al ataque y demostró su real valía: desde entonces quedó pegado al gol. Tanto, que la siguiente prueba fue en su cuadro favorito, el Flamengo. Lo aceptaron, mas sin aceptar pagar su pasaje diario, algo que su familia no se podía conceder.

El São Cristóvão FR sí admitió el convenio y, sólo firmar su primer contrato, Ronaldo corrió a comprar un sofá para la casa. En esa etapa lo orientaría un histórico del futbol brasileño, Jairzinho, puliéndole detalles en la definición y llamando a la selección infantil a que conociera esa luminaria de catorce años. Desde entonces, su avance hacia la cima hallaría tan poca resistencia como cuando aceleraba hacia la portería.

A los dieciséis años el Cruzeiro lo contrató, firma condicionada por Ronaldo a que su madre no volviera a trabajar, y a los diecisiete ya era Campeón del Mundo en Estados Unidos 1994.

Al paso del tiempo, las estrecheces para que los Nazario estudiaran servirían: cuando Ronaldo pasó temporadas de fractura en fractura, entendió que sin sacrificio no hay premio. El Dadado de Bento Ribeiro regresó para ser campeón. ⚽

FRANCESCO TOTTI

CÉSAR DEL BALÓN

Nació el 27 de septiembre de 1976

Beber el café ante la ventana, salir al balcón a tomar la brisa del río Tíber, ofrecía un espectáculo adicional a quienes vivían en el barrio de San Giovanni, cerca de la Porta Metronia en el muro aureliano.

Desde las alturas podían ver la cancha donde un niño demasiado rubio y demasiado técnico jugaba futbol. Ése al que todos conocían como Francé, del que se sabía que dormía abrazado a la pelota y que no engordaba por mucho que comiera pan con crema de avellanas.

Romano (de séptima generación), romanesco (por hablar en dialecto local) y romanista (por apoyar al cuadro *giallorosso*), cuando tenía once años el AC Milán quiso mudarlo de ciudad: el sueño de todo pequeño, considerando que el club lombardo en ese instante empezaba su reinado sobre Europa, pero no el de Totti.

307 goles con la Roma

Bastó con que su severa madre, Fiorella, tan romana y romanista como él, le preguntara si eso quería. Como respuesta recibió unos ojos azules llorosos. No. Francé entendía lo que suponía esa oportunidad, mas de ninguna forma deseaba irse.

Sobra decirlo, cuando luego de unos meses quien lo buscó fue la Lazio, acérrimo rival de la Roma, los Totti volvieron a pensar que quizá se equivocaban apostando todo a los colores de su pasión, aunque fueron inflexibles: jugando ya en un equipo del barrio bohemio del Trastévere, el adolescente esperaría al amor de su vida… nunca mejor utilizada la expresión.

En 1989, al fin la Roma tocaba a la puerta de su departamento de la Via Vetulonia: tenía trece años y sólo tres después debutaría en la Serie A. Iniciaba un camino de absoluta fidelidad que se prolongaría hasta 2017.

De tan pulcro y fino, su trato al balón era digno del Altare della Patria cercano a su cuna. Inteligente, espléndido para pasar y anotar, pícaro y letal, dio otro sentido al número diez de la Roma. Ese diez que portó desde niño, con el barrio de San Giovanni como testigo, en honor a su ídolo, Giuseppe Giannini.

Los quince años de Giannini con esa casaca, permitieron comprender al niño Totti cuál era su anhelo. Cuando llegó a casi tres décadas en la institución, Totti, a su vez, hizo comprender un concepto a la Curva Sud del Estadio Olímpico: el de la eternidad. ⚽

RAÚL GONZÁLEZ BLANCO

EL ÁNGEL DE MADRID

Nació el 27 de junio de 1977

3 CHAMPIONS LEAGUE
en 1998, 2000 y 2002
6 LIGAS ESPAÑOLAS CON EL REAL MADRID
1 COPA ALEMANA
con Schalke 04, en 2011
BALÓN DE PLATA EN 2001
RÉCORD DE PARTIDOS JUGADOS
con el Real Madrid (741)

La estrella del primer partido había sido Dani. Una pena que tardara en crecer más que el resto, pues incluso con tan menudo cuerpo era el mejor con el balón.

Dani fue el nombre falso con el que debutó Raúl, con el San Cristóbal de los Ángeles, sobre una cancha de tierra. Las gafas intentaban disimular en su registro que no tenía trece años, como marcaba el límite de ese equipo de barrio, sino apenas once.

Raúl estaba acostumbrado a jugar con muchachos mayores, al ser siete años más pequeño que ese hermano con el que compartía cuarto, y de ninguna forma se intimidó: competitivo, feroz al conducir, con instinto depredador.

Pronto, en el San Cristóbal supieron que ni era Dani, ni daba la edad, pero cómo definía partidos el chaval que llegaba comiendo bocadillos de calamares y pisando una pelota.

6 ligas españolas

Su inteligencia para moverse sobre el pasto parecía innata, siempre sabía dónde estar. Aunque, al mismo tiempo, se superaba a diario: una lesión en la pierna derecha fue pretexto para que mejorara tanto con la izquierda, que años más tarde triunfaría como zurdo.

Sus primeros recuerdos eran de pasión por el Atlético de Madrid, con su padre llevándolo a las gradas del estadio Vicente Calderón. Ese padre de oficio electricista que, según se cuenta, sólo se acercó al estadio Bernabéu para trabajar en el alumbrado.

Cuando en 1990 un emisario del club colchonero quiso llevárselo y hasta ofreció trasladarlo a diario en su coche a los entrenamientos, el sueño se consumó. Más aún porque en sus primeros años en esas fuerzas básicas, Raúl destrozó marcas goleadoras y tan niño ya corría hacia el primer equipo. Incluso apareció en periódicos y programas televisivos.

Sin embargo, en 1992, el Atlético decidió clausurar esas divisiones menores y se condenó. Menos tardó Raúl en quedar libre, que en ser tomado por el Real Madrid. Tres años después, sin llegar a la mayoría de edad, ya anotaba al Atlético en pleno derbi madrileño, ya iluminaba el Bernabéu como su padre hiciera con los focos, ya era visto como la mayor promesa del planeta… promesa convertida en sólida realidad por las siguientes quince y muy blancas temporadas; blancas como su segundo apellido, toda una premonición. ⚽

THIERRY DANIEL HENRY
TITI, EL CONQUISTADOR

Nació el 17 de agosto de 1977

Desde Les Ulis no se vislumbraba el pico de la Torre Eiffel y, mucho menos, se podía pensar en atravesar el Arco del Triunfo: otro París diferente, ajeno al glamour, vio nacer a Titi.

Sus padres se conocieron en Francia tras emigrar, respectivamente, de las islas de Guadalupe y Martinica. En una gris unidad habitacional, crearon su propio Caribe: comida *creole*, música contagiosa, la forma de hablar en francés.

Al pie de ese apretado apartamento, un rectángulo verde era predestinación: canchas de futbol, mecanismo con el que se integraban los descendientes de tantísimas procedencias que vivían en esas afueras de la capital.

Buena parte de sus vecinos no tenía registro preciso de su año de nacimiento, con lo que Thierry Daniel Henry comenzó a jugar contra niños mucho más grandes, pese a todo incapaces de quitarle la pelota o frenar sus carreras hacia la portería. Entre mayores continuaría por mucho tiempo: al debutar con AS Mónaco a los dieciséis años, al ser Campeón del Mundo con Francia a los veinte, al pasar a la Juventus con veintiuno y al Arsenal con veintidós.

Estrella del Arsenal de los invencibles

Sin embargo, antes sufrió una fuerte presión: sus padres se habían divorciado y deseaban caminos diferentes para ese adolescente que, repentinamente, había dado un tremendo estirón. Papá insistía que fuera futbolista, le exigía mejorar su desempeño a diario, incluso perdió un puesto laboral como guardia por impuntualidad tras llevar a Titi a un partido. En tanto, mamá estaba convencida de que sólo la educación lo sacaría de ese barrio bravo.

Pudo más su padre, aunque al paso del tiempo quedaría también clara la influencia de su madre: un muchacho de formación integral y respetuoso, perseverante y disciplinado, humilde y centrado.

Algo de eso mostró cuando, con trece años, fue una de las veinticinco promesas seleccionadas por la academia de Clairefontaine. Ahí aprendió con voracidad y fue detectado por su mentor, Arsène Wenger.

Con Wenger inició sus pasos en el AS Mónaco y luego se reencontró en el Arsenal, club que después lo consideraría el mejor futbolista de su historia. Para entonces, desde los oscuros callejones de Les Ulis, los niños ya lograban ver el Arco del Triunfo. La culpa era de Titi. ⚽

GIANLUIGI BUFFON

ETERNO GUARDIÁN

Nació el 28 de enero de 1978

CAMPEÓN DEL MUNDO
en Alemania 2006

COPA UEFA DE 1999,
con el Parma Calcio

9 LIGAS DE ITALIA
con la Juventus

CAMPEÓN EN SEGUNDA DIVISIÓN
en 2007, con la Juventus

RÉCORD DE PARTIDOS
con la selección italiana, con 176 juegos

De Carrara salió el mármol para monumentos a la victoria como la Columna de Marco Aurelio y símbolos de la perfección como el David de Miguel Ángel. De esa localidad toscana surgió también un futbolista digno de esos inigualables mármoles: el portero que por casualidad fue portero.

Gigi destacaba como mediocampista e incluso era seleccionado infantil de su región: ligero pese a su consumo voraz de paninis de mortadela, desde siempre el más alto, con genética de atleta en una familia en la que todos representarían a Italia: su padre lanzador de bala, su madre lanzadora de disco, sus dos hermanas voleibolistas. El único de la casa que no apuntaba a depender de las manos sería quien más éxito tuviera con ellas.

Durante el Mundial de Italia 1990, las atajadas del camerunés Thomas N'Kono lo convencieron de que su destino estaba en la portería y solicitó el cambio de posición. Sin embargo, nadie en el club Perticata daba crédito, insistiéndole que el Inter lo pretendía… pero sin guantes y en la media.

Su padre lo apoyó: que el muchacho siguiera los latidos de su corazón, siempre que entendiera

9 ligas de Italia con Juventus

que debería picar piedra (o mármol, para más precisión *carraresa*). Tras numerosos rechazos, el humilde Bonascola FC aceptó darle una oportunidad, sin sospechar que el experimento saldría así de bien: un año después, el Parma se lo llevaba, todavía con ciertas reservas.

Pasados unos meses, su calidad generaba consenso: la selección sub-16, en donde se encontraría con un tal Francesco Totti, propiciaba sus primeros encabezados en prensa nacional.

En 1995, el portero titular del Parma se lesionó y tenía que haber aparecido el suplente. No obstante, el entrenador vio practicar con tal intensidad al adolescente Gigi, que le preguntó si estaba listo para debutar: Buffon respondió que sí tan sereno como si se le hubiera ofrecido más mortadela. Frente al Milán de Baggio y Weah, con sus padres en las gradas sin saber que su hijo iniciaría, tan centrado en el juego que olvidó posar para la foto, a sólo cinco años de haberse mudado al arco, consumó el partido de su vida… hábito que continuó por más de dos décadas.

Escultura futbolística de Carrara, digna de Miguel Ángel: homenaje a la victoria, derroche de perfección, Gigi fue campeón del mundo. ⚽

DIDIER YVES DROGBA

GOLES QUE PACIFICAN

Nació el 11 de marzo de 1978

CHAMPIONS LEAGUE 2012
con Chelsea FC

4 PREMIER LEAGUE CON EL CHELSEA FC
en 2005, 2006, 2010 y 2015

MÁXIMO GOLEADOR EXTRANJERO
del Chelsea FC (164 goles)

MUNDIALISTA CON COSTA DE MARFIL
en Alemania 2006, Sudáfrica 2010 y Brasil 2014

FUTBOLISTA AFRICANO DEL AÑO
en 2006 y 2009

Débil y asustado, con su nombre anotado en un collar rojo, abrazado a su cobija favorita, a los cinco años Didier Yves abordaba un avión desde Costa de Marfil hasta Francia. Iba solo. Lloró todo el vuelo.

Se instalaría con su tío Michel, futbolista en segunda división. Decisión tomada para que ese niño, apodado Tito por la admiración de su madre al líder yugoslavo, tuviera una mejor educación.

Didier descubrió lo que es sentirse diferente. Era el único africano en el colegio y algunos de sus compañeros tallaban su brazo, sin entender que su color fuera natural. Excluido de todo juego por los chicos, nada más los profesores le hablaban.

Durante dos años pidió por su mamá entre sueños, llorando a cada noche. Nostalgia máxima en una época de cambio permanente: hasta en siete lugares viviría en nueve años, mudándose según qué equipo contratara a su tío. El futbol, eso sí igual al de su natal Abiyán, lo rescató. Fue registrado por un club, aunque alineado como lateral, y es que de tan tímido Didier no se atrevía a decir que era atacante.

4 Premier League con el Chelsea FC

Al tiempo, la guerra en Costa de Marfil lucía inevitable. En medio de esa crisis, sus padres perdían sus empleos en un banco y lo alcanzaban en Francia para desempeñar los trabajos más marginales. Eso importaba poco al muchacho de quince años, feliz de reunirse con su familia.

Viendo su talento, su papá escribió a varios equipos para que lo probaran, mas nadie se interesó. Luego de insistir, un desconocido cuadro de las afueras de París respondió; hasta ahí se movería Didier a diario en tren, comiendo de camino pura chatarra.

En 1998, el club Le Mans le dio una oportunidad y, tras un inicio incierto, lleno de lesiones, el feroz atacante despertó.

Ya en 2005, veintidós años después del primer avión, un Didier muy diferente subía a otro vuelo: desde Londres, donde era la estrella del Chelsea, hasta su país, partido por una Guerra Civil entre el norte musulmán y el sur cristiano.

Drogba había calificado a su selección para su primer Mundial y en los festejos pidió el micrófono de la señal televisiva. De rodillas suplicó que terminara la guerra, que se bajaran las armas, que el perdón reemplazara al rencor. Su pueblo, aceptó.

Ese día, Didier Yves Tito pacificó a su nación.⚽

MIROSLAV KLOSE
HECHO PARA EL MUNDIAL

CAMPEÓN DEL MUNDO
en Brasil 2014
MÁXIMO GOLEADOR
de los Mundiales con 16 goles
RECORD DE 4 SEMIFINALES
en 4 mundiales
GOLEADOR HISTÓRICO
de Alemania con 71 goles
SE RETIRÓ JUGANDO PARA LA LAZIO

Nació el 9 de junio de 1978

Dos ideas se escuchaban a diario en la casa de la familia Klose.

La primera, el orgullo de ser alemanes pese a jamás haber pisado Alemania: su ciudad, Opole, en el sur de Polonia, había pertenecido a Alemania hasta antes del cambio de fronteras tras la Segunda Guerra Mundial; polacos de nacimiento, germanos de corazón.

La segunda, practicar deporte: la madre, Bárbara, había sido seleccionada polaca de balonmano; el padre, Josef, se desempeñaba como delantero y sería traspasado a la segunda división francesa.

Gracias al futbol, los Klose pudieron salir de Polonia en años de restricción por el régimen comunista. Gracias también al balón, pudieron elegir dónde instalarse tras la aventura en Francia y la decisión resultó obvia: residirían en la tierra de sus ancestros, en Alemania.

Goleador histórico de Alemania

Con ocho años, Miroslav llegó al pueblo de Blaubach siendo sólo capaz de decir «gracias» y «por favor», lo que lo hizo todavía más tímido y callado. Por las calles lo llamaban polaco y el pequeño Miro prefería no explicar que era tan alemán como cualquiera en ese país. Su forma favorita de comunicación sería desde entonces con goles.

Al paso del tiempo, asumió que lo suyo con el deporte nada más era para los ratos libres.

Cuando a los veinte años jugaba en quinta división y era aprendiz de carpintero, hubiera sido imposible creer que al cabo de década y media estaría consagrado como máximo goleador de las Copas del Mundo.

Por un milagro difícil de explicar, el FC Kaiserslautern detectó su olfato goleador mientras actuaba en el desconocido club Homburg. Pronto debutó en la Bundesliga y lo convocó la selección polaca, aunque Klose fue sincero: su corazón era germano. Meses después lo citó una *Mannschaft* a la que agradecería la oportunidad convirtiéndose en su goleador histórico, incluidos dieciséis tantos en Mundiales.

Con la misma timidez con la que llegó a Blaubach, con el mismo empeño con que se preparó para ser carpintero, relució como delantero, pero también como uno de los pocos jugadores que han pedido al árbitro que anule su anotación por haber sido ilegal: más importante que los goles, para este depredador del área era la honestidad. ⚽

RAFAEL MÁRQUEZ ÁLVAREZ

EL KAISER DE MICHOACÁN

Nació el 13 de febrero de 1979

2 CHAMPIONS LEAGUE
con FC Barcelona, en 2006 y 2009

4 LIGAS DE ESPAÑA
con FC Barcelona, en 2005, 2006, 2009 y 2010

1 LIGA DE FRANCIA
con Mónaco, en 2000

CAMPEÓN COPA CONFEDERACIONES
México 1999

3 GOLES EN 5 COPAS DEL MUNDO
desde 2002 hasta 2018

L a cancha estaba dispuesta con sus futbolis-tas: como arquero, la mesa; como defensa, la silla; como volante, la sala; como portería, el comedor; y, como crack todoterreno, un niño que festejaba su gol con saltos sobre la cama… si no es que antes había roto algo en ese estadio que imaginaba europeo.

Ilusos, sus padres pensaban que prohibién-dole salir de casa evitarían que, al menos por media hora, Rafa jugara. Sin embargo, ellos habían propiciado que en ese hogar de la loca-lidad michoacana de Zamora el futbol estuviera impregnado. Hogar en el que nunca faltó comida y siempre sobraron anhelos de balón.

Su papá, del mismo nombre, fue futbolista pro-fesional sin la suerte que sus cualidades merecían. Quizá frustrado por eso, convirtió a ese mucha-cho en una máquina perfecta. En una cancha de tierra entrenaba al equipo de su hijo, exigiéndole muchísimo más que a sus compa-ñeros. Horas después del partido, el dueto de Rafaeles continuaba analizando: si tal marca, si tal contacto, si tal decisión, si tal reacción.

Él mismo había reubicado a su descendiente en la defensa central, motivándolo a iniciar cada

3 goles en 5 copas del Mundo

jugada. Tanto, que los rivales ya sabían que, para vencerles, debían mandar a un hombre a apre-tar al menor de la alineación cada que sacaba la pelota del fondo.

Años de barridas ásperas, piernas cortadas, cotejos bajo calores insoportables. De dormir pocas horas porque el lugar para soñar no era la cama, sino la cancha. Años de ver cada domingo en el televisor a Hugo Sánchez y decidir que, en el futuro, esa señal desde Europa transmitiría a Rafa.

El primer desprendimiento llegó a los catorce años. Al descubrirlo el Atlas ya no lo dejó regresar a Zamora y Márquez, con diferencia el más pequeño en la casa club rojinegra, sufrió. Cierto día pensó que al llamar llorando a su mamá, correría a reco-gerlo a Guadalajara. Lejos de eso, le insistió que debía ser responsable y luchar.

El segundo se dio cuando tenía veinte años. El Mónaco se lanzó por él, encontrándose con una pregunta concisa del joven. «¿Ese club, del que jamás había escuchado, jugaba en Europa?». Siendo así, aceptó y cumplió la profecía. Una década después, su estadio europeo ya no era imaginario; de tener por portería el comedor zamorano, había pasado a la Champions. ⚽

ANDREA PIRLO

NO PIRLO, NO PARTY

Nació el 19 de mayo de 1979

Al buscar cierto brillo en sus entrecerrados ojos, al contemplar su rostro serio, al notar que Andreino caminaba viendo al suelo y con una mueca de indiferencia, podía pensarse que estaba en el futbol por obligación o necesidad económica.

Lejos de eso, Pirlo es de los escasos cracks que nacieron con todas las comodidades, con la fábrica de acero de su padre a su disposición, con vacaciones en la Toscana y el futuro resuelto.

Sin embargo, lo único que interesaba a Andrea de las propiedades familiares, eran esos grandes terrenos, al pie del monte Netto, en los que jugaba. Entonces, entraba al partido como si recién lo hubieran despertado, con aires de pereza. Nadie sabía cómo o cuándo, se desplazaba un par de metros y hacía magia. Acto seguido, se mecía el cabello, se tallaba los ojos, y volvía a transformar la espera en arte.

Campeón del Mundo en 2006

Tan pequeño –el menor en edad y peso de cuántos en el pueblo de Flero jugaban–, Andreino se acercaba al futbol como si estuviera ante una gran obra que no lo conformaba. Habiendo mal clima, ensayaba sus tiros sobre el sofá con una pelota de esponja; si se podía salir a la intemperie, convertía en portería una gran pared de acceso de su casa; si necesitaba obstáculos para más dificultad, colocaba como barrera a su muñeco de Big Jim.

Tanta calidad y tan indescifrable carácter en un chico al que se sabía de familia acomodada, le complicó las cosas. Los niños dejaron de darle pases y Pirlo, entre lágrimas, resolvió a su manera: tomando el balón con ceño fruncido para demostrar su valía.

Con catorce años, Brescia y Atalanta, los clubes más importantes de la región, se lo disputaron. Optó por el primero, a ocho kilómetros de casa.

Seis años después, su técnico en el Reggina Calcio, a donde lo había prestado el Inter, no hallaba cómo mandarlo a descansar. Se acercaba la medianoche y, ajeno al tiempo, el tenaz Pirlo continuaba practicando. Se fue a dormir sólo cuando su entrenador mandó a apagar la luz.

Para entonces, ya era la sensación nacional como mejor jugador de la Eurocopa sub-21, pero Andreino, con el mismo semblante calmo, meciéndose con desgano el fleco, corriendo como si levitara, mantenía la esencia de Flero. Para quien el futbol es arte, la obra siempre se ha de mejorar. ⚽

XAVI HERNÁNDEZ

EL VISIONARIO

Nació el 25 de enero de 1980

Tal como ordenaría por siempre la cancha, el de menor estatura del grupo era el que decretaba el traslado diario en taxi: al salir del colegio, los niños aspirantes a futbolistas que vivían unos kilómetros al norte de Barcelona, se desplazaban hasta las instalaciones blaugranas para seguir con su formación.

En el camino de más de una hora, incluidas numerosas paradas, el menudito Xavi Hernández solía efectuar su tarea escolar, a la par que estaba pendiente de si ya había subido tal delantero de un pueblo o si había demorado tal defensa de alguno otro. Tal como dejaría su firma de autor en el futbol, con una mente privilegiada y con ojos en la nuca.

Facetas que, mucho antes de ese taxi que se convirtió en parte de su rutina a los once o doce años, ya mostraba en Terrassa. Un niño que jugaba concentrado: el gesto fruncido, la quijada un tanto trabada, la mirada siempre pendiente de desmenuzarlo todo, de hallar el espacio imposible.

24 títulos con el Barça

Muchos lo atribuían a que su padre, Joaquim, hubiese sido futbolista en la vecina Sabadell, pero ese control de balón, esa inteligencia para pararse donde debía, ese liderazgo, sólo se equiparaban a los modales con los que se comportaba.

Cuando tenía seis años, el coordinador de la cantera del FC Barcelona se enamoró de su juego y ya quiso llevárselo a la Ciudad Condal, aunque su madre pidió mesura: todavía era muy pequeño como para alterar de esa manera su ecosistema.

El Barça, como sea, no claudicó y se mantuvo cerca de la evolución de ese mediocampista que crecía poco en estatura y muchísimo en futbol, entrenado por el propio Joaquim. Finalmente, en 1991 se integró a la academia de La Masía, convertido de inmediato en capitán de su categoría… y como capitán del equipo mayor se fue veinticuatro años y veinticuatro títulos después.

Legado impresionante en términos de trofeos. Legado todavía mayor a la luz de lo que su juego significó: siempre ordenando, como cuando esta historia comenzó, de camino entre Terrassa y Barcelona, en ese taxi en el que hacía a diario su tarea. ⚽

RONALDO DE ASSIS MOREIRA
'RONALDINHO'
BALÓN EN CARNAVAL

CAMPEÓN DEL MUNDO
en Corea/Japón 2002
CAMPEÓN DE COPA AMÉRICA
en Paraguay 1999
CHAMPIONS LEAGUE
con el FC Barcelona en 2006
COPA LIBERTADORES
con Atlético Mineiro en 2013
BALÓN DE ORO EN 2005

Nació el 21 de marzo de 1980

Una risa tan enorme que nunca cupo en su boca. Risa, por demás contagiosa, que crecía otro par de centímetros cuando tocaba la pelota ese muchacho de piernas delgadas, ojos encendidos y pelo rizado.

En el nombre de esa cancha de tierra donde empezó a jugar, ya estaba sellado un destino de canto y sonrisa: Campo do Periquito. Por si hiciera falta otro augurio de alegría, todo esto en la ciudad brasileña de Porto Alegre.

Ahí, desde antes de caminar, Ronaldo de Assis Moreira tenía una respuesta clara a lo que haría cuando fuera adulto: futbol o música.

Gambeteaba y reía, inventaba y reía, anotaba y reía, bailaba y reía: el futbol había encontrado un carnaval en ese niño crack.

Su infancia tendría tres marcas: la primera, cuando entre todas las privaciones económicas, le fue regalado un balón al cumplir su primer año de vida; la segunda, cuando su hermano mayor se convirtió en jugador profesional y el club Gremio le dio una casa, sacando a la familia de su muy humilde barrio; la tercera, el fallecimiento de su padre cuando Ronaldinho apenas tenía ocho años.

Balón de Oro en 2005

Pues bien: ese balón que recibió reiría por siempre tan ancho como Ronaldinho, le amaría y obedecería como a pocos; el barrio nunca quedaría atrás, porque, a su manera, ese genio siempre se desempeñaría como si continuara sobre sus piedras; y la memoria de su padre, ese soldador que tanto soñó con ser futbolista, sería honrada con algunas de las acciones más bellas que este deporte contemplaría, con un hechizo tras otro a cada que pisaba el pasto.

Así como cuando avanzaba al arco rival, musicalizado por incontenibles tambores, su camino desde el Campo do Periquito hasta la cima: a los trece años anotaba veintitrés goles en un partido; a los diecinueve ya tejía goles inolvidables con la selección mayor de Brasil; a los veintidós ya era estrella en el título mundial en Corea/Japón 2002; a los veinticuatro ya nadie dudaba que tenía un lugar en la eternidad.

Él continuó riendo y haciendo reír a su cómplice en cada travesura, el balón.

Si se juega como se es, pocos genios más coherentes que Ronaldinho Gaúcho. Por algo nunca aclaró si se dedicaría a la música o al futbol: él sabía que podía combinarlas en toda acción. ☻

CASILLAS
EL NIÑO DE LOS MILAGROS

Nació el 20 de mayo de 1981

El aula se quedó entre expectante y alarmada. Todos contemplaban con morbo al alumno sacado del salón. El director había pedido a Iker que lo acompañara y ya se sabe que la salida de un estudiante puede significar dos situaciones: una triste noticia a comunicarse en privado o un castigo por mala conducta.

No fue el caso. El Real Madrid, en cuyas divisiones menores ese muchacho se desarrolló desde ocho años antes, tenía una epidemia de lesiones de porteros y necesitaba al adolescente para viajar a una jornada de Champions League en Noruega. Iker asegura que cuando lo buscaron en plena clase de diseño, debatía con un compañero sobre la alineación ideal del cuadro blanco –evidentemente, sin que, con dieciséis años, se le ocurriera mencionarse como posibilidad.

Más de 20 años de carrera Ese hijo de un Guardia Civil que se había mudado a Bilbao por la paga más elevada ante la amenaza terrorista de ETA (de ahí su nombre vasco y no castellano), sería el guardia de la época dorada del futbol español.

Su mismo padre había propiciado que Iker fuera arquero, al probarlo con varios remates cada que iban al parque. Por ello, cuando en el Madrid preguntaron a Iker por su posición, no dudó que, a diferencia de la mayoría que deseaba hacer goles, lo suyo estaba en evitarlos.

Fue aceptado por las fuerzas básicas merengues, escuchando un discurso que insistía en que, de los trescientos aspirantes, quizá uno llegaría a primera división. Como lucía tan remota esa opción, creció pensando que sería policía como su papá. Años en los que arribaba una hora antes al entrenamiento, para ahí mismo efectuar su tarea escolar, y en los que añadía parches a sus guantes de portero, renuente a elevar más los gastos de su familia (suficiente ya costaba su traslado diario desde Móstoles hasta Chamartín).

El Iker sacado del instituto para viajar a una noche de Champions, atajaría como adulto desde la más tierna juventud. Manos que, de diseñar en esa clase que debió dejar en 1997, pasaron a ser milagrosas repeliendo disparos rivales y levantando como capitán los trofeos más importantes del futbol. ⚽

ZLATAN IBRAHIMOVIĆ

VANIDAD Y FUEGO

Nació el 3 de octubre de 1981

Había dos formas de ganarse el respeto en las rudas calles de Rosengård, barrio de inmigrantes en Malmö: la primera, con rebeldía y el carácter más explosivo; la segunda, haciendo trucos y magia con el balón. Zlatan era un experto en las dos.

De niño se sobrepuso a todo: ser molestado por su prominente nariz y su mala pronunciación al hablar; el divorcio entre una madre envuelta en conflictos y un padre que abusaba del alcohol; crecer desatendido, con su papá cubriendo eternas jornadas en labores de mantenimiento y su mamá limpiando catorce horas diarias; hallar vacío su refrigerador y entender que sólo por sí mismo podía subsistir; expulsiones permanentes de colegios y equipos por sus arrebatos; sentirse discriminado por ser hijo de extranjeros.

Goleador histórico de Suecia

Por si algo faltaba, una familia que por años vivió temerosa de recibir malas noticias desde sus Balcanes en guerra. Su abuela materna murió en un bombardeo en Croacia, así como gente cercana a su padre fue asesinada en Bosnia.

Con todo lo anterior, no parece raro que ese incontenible niño-problema robara bicicletas y desafiara a todos por rutina –incluido a su padre, vaciando sus latas de cerveza para que no bebiera más.

Tras rebotar por varios clubes, al fin se sintió comprendido en el FC Balkan, donde se encontró con más muchachos en idéntica circunstancia: ser criados en Suecia por padres nostálgicos de la Yugoslavia que se disolvía, ajenos a la cultura y hasta al futbol local.

El Malmö se percató de sus espléndidas condiciones cuando tenía trece años. Aunque no soltaba el balón y reñía con todos, se le mantuvo a sabiendas de que no aparecería un talento semejante.

Dos años después, avisó que se iba: que tomaría un empleo en el puerto y no deseaba saber más del balón. Su entrenador logró calmarlo y al cabo de otro par de años no era sólo futbolista de primera división, sino la mayor promesa que Suecia hubiera detectado: gigante en tamaño y recursos.

El futbol como eterna reivindicación, Zlatan fue campeón en donde jugó. Hoy puede leerse una frase suya en su barrio: «Puedes sacar al chico de Rosengård, pero no puedes sacar a Rosengård del chico». A su manera, en esa rebeldía y esos trucos al balón, de Rosengård nunca salió. ⚽

ANDRÉS INIESTA
EL CRACK DE LA MANCHA

Nació el 11 de mayo de 1984

Durante las más de cinco horas que duró el trayecto desde el pequeño Fuentealbilla hasta la imponente Barcelona, apenas se escucharon voces en el coche. Andrés Iniesta, con doce años, estaba tan triste como sus padres, de los que se tendría que separar.

Las divisiones menores del Barça habían detectado en ese niño pálido a un genio del balón y no había otra manera de desarrollar su talento que alejándolo de su familia. Por varios días, Andrés se había convencido de que no aceptaría la invitación, que se quedaría en casa y rodeado por los suyos. Todo cambió cuando valoró los sacrificios que había hecho su padre, quien trabajaba como albañil, ahorrando tres meses para comprarle unos zapatos de futbol.

Era 1996 y tanto destacaba ese muchachito, en el futuro llamado a anotar el **9 ligas con el FC Barcelona** gol más importante en la historia de su país, que fue entrevistado en un importante programa radiofónico. Ahí, con voz entrecortada por la timidez, explicó que su padre dejaría de trabajar en la construcción cuando él se convirtiera en figura. No mintió.

Antes, durante esas primeras noches que durmió en La Masía, Andrés lloraba, estaba tentado a volver, no soportaba la nostalgia, sólo seguía adelante recordando las palabras de su padre: «el tren puede no volver a pasar, debes aprovecharlo».

Desde ese momento, Iniesta se mostró ejemplar. Esa actitud no cambiaría ni cuando los éxitos llegaron por borbotones: con el mejor FC Barcelona que haya existido, con la selección española, con el reconocimiento mundial en dos sentidos: al futbolista de una claridad portentosa, ése al que era dificilísimo quitarle el balón cuando comenzaba a girar, a pisarlo con delicadeza, a desplazarlo con magia; al hombre educado, respetuoso, humilde, aplicado, que nunca sería expulsado.

De la misma región de La Mancha de donde surgiera el Quijote, máximo emblema de las letras españolas, salió ese emblema que marcó el tanto de la coronación en Sudáfrica 2010.

Con su escasa estatura, don Andrés Iniesta dejó un legado tan gigante que se reinterpretó el sentido de su número ocho: recostándolo se convierte en ∞, símbolo del infinito… tal como su juego. ⚽

CRISTIANO RONALDO
DOS SANTOS AVEIRO
LA MÁQUINA PERFECTA

CAMPEÓN DE EUROPA EN FRANCIA 2016

5 CHAMPIONS LEAGUE

1 con Manchester United y 4 con Real Madrid

5 VECES BALÓN DE ORO Y 4 BOTAS DE ORO

GOLEADOR HISTÓRICO DEL REAL MADRID

Nació el 5 de febrero de 1985

Jugar futbol en Funchal, islas Madeira, se hace complicado. Al ser territorio volcánico, las pendientes son tan constantes como inexistentes resultan las superficies planas. Por ello, Cristiano Ronaldo descubrió el balón en callejones inclinados y pedregosos.

En una frágil casa, con techo de lámina y goteras cada que llovía, el menor de los Dos Santos Aveiro dormía apretado con sus tres hermanos, aunque no pasaba mucho más tiempo entre esas tambaleantes paredes. Con o sin permiso siempre estaba afuera, jugando con los vecinos, utilizando botellas de plástico como pelotas, practicando sus disparos contra una pared.

Las carencias eran tan grandes como el esfuerzo para salir adelante. Su madre, que en su juventud había emigrado a Francia para ganar dinero limpiando casas, trabajaba como cocinera todas las horas posibles.

5 veces Balón de Oro

El futbol había llegado a la vida de Cristiano antes de que él se enterara. Su primera comunión inició con demora, porque el club Andorinha había tenido partido esa tarde y ahí su padre trabajaba como utilero.

En cuanto la familia notó que el niño tenía semejante talento, fue integrado al propio Andorinha, donde recibió un par de apodos. Uno, despectivo, por llorar cuando no le pasaban la pelota o algo salía mal; el otro, descriptivo, *abelhinha* o abejita, por su movimiento incesante por la cancha.

Cuánto habrá destacado que a los diez años ya se pagó un traspaso por él. Veinte balones y treinta uniformes lo llevaron al Nacional de Madeira, donde el futbol se empezaba a transformar en algo serio.

Al cabo de dos años, su fama había llegado hasta Lisboa y el club Sporting lo hizo subir a su primer avión para una prueba: ya sólo volvió a Funchal por su escasa ropa.

Tan joven y su vida ya era un desafío permanente: si alguna vez salió rebotado por su delgadez, comenzó a comer doble ración de sopa; si algún entrenador lo consideró débil, decidió meterse por la ventana al gimnasio en plena madrugada para tomar fuerza; si escuchó burlas por su acento isleño, retó hasta a la maestra del colegio; si llegó tarde a un centro, echó carreras contra los coches para elevar su explosividad; si en algo perdía con los demás muchachos, pasaba horas practicando hasta tomar revancha.

Su infancia quedó detrás como en cámara rápida. Insaciable en su voluntad de hacerse mejor y mejor, así continuó, y ya en la cima no frenó. ⚽

LUKA MODRIĆ
DE LA GUERRA A LA GLORIA

SUBCAMPEÓN DEL MUNDO
en Rusia 2018
4 CHAMPIONS LEAGUE
con el Real Madrid en 2014, 2016, 2017 y 2018
3 LIGAS DE CROACIA
con Dinamo Zagreb
MEJOR JUGADOR
según la FIFA en 2018
BALÓN DE ORO
en el Mundial de Rusia 2018

Nació el 9 de septiembre de 1985

En medio del sereno ir y venir de cabras, firme sobre tan rocosa montaña, un niño rubio de cinco años avanzaba con autoridad, aferrada su mano derecha a una rama.

De su abuelo, Luka había adquirido el nombre y las enseñanzas para ser pastor; ese hombre, al que adoraba e idolatraba, con el que pasaba largas horas entre ganado en la aldea de Modrici, de donde surgiera su apellido.

Ni sueños de Champions, ni ambición de millones, ni interés político, a los Modrić les bastaba con esa tranquilidad rural.

Cuando había cumplido seis años, esa vida terminó. Croacia iniciaba su guerra de independencia y, como consecuencia, paramilitares serbios tomaban diversas regiones del futuro país. Entre ellas, esa aldea en la que asesinarían al abuelo Luka.

Balón de Oro en 2018

Sin tiempo para llorar la pérdida, los Modrić huyeron a la vecina ciudad de Zadar, donde fueron alojados como refugiados en un hotel. ¿Cuánto tiempo estarían ahí? ¿Volverían a esa casa, que había sido destruida y quemada?

Día y noche, Luka pateaba un balón por los pasillos, en el lobby, en el estacionamiento. Más de una ventana sucumbía a la furia de su pierna derecha, como si sólo así el niño sacara tanto dolor.

Cierto día, un directivo del NK Zadar lo descubrió e invitó a su equipo. Jornadas en las que nadie destacaba más que el diminuto mago, pero con entrenamientos frenados por la alarma que advertía bombardeos. Sus padres no hablaban de la guerra, aunque la realidad era tan evidente como la melancolía por lo que quedó atrás.

En 1997, Croacia se reconstruía y disfrutaba de su primera gran selección como nación independiente. Luka fue a probar con su club predilecto, el Hajduk Split, mas lo rechazaron por su tamaño. Pensaba que el futbol ya no sería para él, cuando en 2001 el Dinamo de Zagreb lo recibió con amplias dudas. Para comprobar si con tan poco cuerpo podía destacar, fue prestado a la ríspida liga bosnia: ahí triunfó. Aún sin fe, lo cedieron a otro club croata: ahí deslumbró.

Finalmente, el Dinamo le dio su primer contrato y Luka le compró a sus padres un departamento. Los Modrić al fin dejaban de ser refugiados. Si el abuelo enseñó a su nieto a ser pastor, el nieto resguardó su memoria anotando ese nombre como mejor futbolista de un Mundial ⚽

SERGIO RAMOS

CORAZÓN ANDALUZ

Nació el 30 de marzo de 1986

CAMPEÓN DEL MUNDO
en Sudáfrica 2010
2 EUROCOPAS CON ESPAÑA
en 2008 y 2012
4 CHAMPIONS LEAGUE
en 2014, 2016, 2017 y 2018
JUGADOR REVELACIÓN
de la liga española, en 2005
GOL EN CADA TEMPORADA
con Real Madrid, desde 2005 hasta 2018

Un niño privilegiado, no sólo por la estructura familiar tan sólida, sino también por vivir pegado a una cancha de futbol o, visto bien, pegado a una especie descampado donde en la localidad andaluza de Camas se solía practicar futbol.

Desde la ventana de un bloque habitacional, la Paqui gritaba a Sergio que la cena estaba lista, que suficiente de patear balones, que si tenía pensado seguir jugando hasta el amanecer.

Al menos los Ramos podían vigilar desde las alturas a tan travieso hijo, al tiempo que él, con una cabellera rubia lacia que se le desbordaba por los costados y un tamaño mínimo, no escatimaba en atrevimiento: intensidad en sus barridas, empeño en ganar cada pelota, ir al frente a cada atisbo de pleito o discusión… saliendo rebotado más veces de las que quisiera.

Campeón del Mundo en 2010

Cuando su hermano mayor empezó a jugar con un equipo, Sergio, de seis años, lo acompañaba y ya impresionaba: ¿Defensa o delantero? ¿Cómo podía tener semejante capacidad tanto para meter goles como para impedirlos? ¿Y esa personalidad? Nadie dudaba: había nacido con ella; esa voz, todavía aguda, era de mando.

Desde entonces empezaron a apurar sus plazos: si ahí le modificaron la edad para que pudiera alinear con futbolistas más grandes, dos años después, cuando el Sevilla lo descubrió, lo fue llevando mucho más rápido que al resto. Al este del río Guadalquivir, que separa a Camas del estadio Sánchez Pizjuán, persiguió a velocidad su sueño de balón.

Con diecisiete años debutó en primera división y lo realizó a lo Ramos: en su primera intervención, pasando como tranvía por debajo de su rival para despojarlo de la pelota. A los pocos meses, ya estaba en la selección. Otros más y el Real Madrid rompía récords de traspaso por un adolescente para llevárselo.

El defensa más goleador, el jugador que todo lo ganó, el muchacho que nunca temió, una tormenta tan cargada de carácter como de futbol.

Cuando era niño, dedicaba los goles a su familia corriendo en dirección a su departamento en el baldío que servía como cancha en Camas; de adulto continuó haciéndolo, sólo que en plenas finales de Champions League. ⚽

KEYLOR ANTONIO NAVAS
PURA VIDA Y PURA CHAMPIONS

3 CHAMPIONS LEAGUE
con el Real Madrid en 2016, 2017 y 2018

1 LIGA CON EL REAL MADRID EN 2017

MEJOR PORTERO DE LA UEFA EN 2018

2 VECES MUNDIALISTA
en Brasil 2014 y Rusia 2018

6 LIGAS DE COSTA RICA
con el Saprissa

Nació el 15 de diciembre de 1986

El ejemplo estaba a la vista: sin importar lo complicado que fuera ni los sacrificios que se requirieran, los Navas no creían en pretextos ni quejas, sólo en vencer toda adversidad.

Siendo muy pequeño, Keylor recibió la noticia más difícil: tenía que separarse de sus padres que se irían a trabajar a Estados Unidos; ese niño sonriente y decidido a ser portero desde que a los cinco años se impresionó contemplando a un guardameta, no podía creer lo que escuchaba, lloraba sin consuelo, les rogaba que se quedaran. Siempre había estado orgulloso de que su papá fuera futbolista, sin comprender que esa carrera no le permitía obtener el sustento necesario para la familia.

Sus abuelos se ocuparon de que no abandonara el camino hacia la portería: despertarlo a las cuatro de la mañana, recorrer con él varios kilómetros hasta la terminal de autobuses, repetirle una y otra vez que nada era gratis, que pronto hallaría recompensa, que no perdiera la fe en sí mismo. Y nunca la perdió.

1 liga con el Real Madrid

Concentrado, con ojos de determinación, fue escalando por las categorías menores del club Saprissa. Mejoraba a cada partido, aprendía de cada error, tan optimista como guerrero, no permitía que se le dijera que algo era imposible.

En Costa Rica ganó muchos títulos y ya era una figura aclamada; desde los veintiún años estaba en la selección, pero eso no le bastaba. Así como sus padres asumieron el sacrificio de irse a Estados Unidos por un mejor futuro, Keylor aceptó una oferta para actuar en la segunda división española con el Albacete. De ahí pasó a la suplencia en el Levante y al cabo de un tiempo se ganó la titularidad.

Entonces llegó el mágico 2014: sus prodigiosas atajadas en el Mundial hicieron que el Real Madrid lo comprara, aunque los obstáculos continuarían. Cada que el cuadro merengue lo quiso desdeñar, le buscó relevos, le señaló la puerta de salida, Keylor se sobrepuso como sabe: demostrando.

Titular en tres coronaciones de Champions League consecutivas, nadie podrá borrarlo de la historia blanca; nadie, tampoco, podrá dejar de admitir que cuanto ha ganado Navas, lo ha merecido. Ni quejas, ni excusas: fe y trabajo. ⚽

LIONEL ANDRÉS MESSI
EL NIÑO QUE NO PODÍA CRECER

Nació el 24 de junio de 1987

La última bocanada que Aniceto Messi aspiró al dejar la localidad italiana de Recanati, lo impregnó de arte y sensibilidad. Se iba, para nunca volver, de la considerada Ciudad de la Poesía… y poesía iba a hacer su descendiente, a once mil kilómetros de esa costa del Adriático: poesía con el balón.

Al otro lado del mundo, en Rosario, Celia Cuccittini protegía como a nadie al menor de sus nietos, a su vez bisnieto del aventurero Aniceto. Su nombre, Lionel Andrés.

Cada tarde, el pequeño se quedaba junto a la cancha pateando una pelota de goma, mientras que sus hermanos jugaban. Un día faltaba un niño para el partido y la abuela le pidió al entrenador que lo incluyera. Le explicaron que no era posible, que tenía cuatro años, tres menos que los demás. Al ver que Lio esperaba con ojos cristalinos, Celia insistió. Admitieron ponerlo en la banda, pegado a ella, para que en caso de llorar, lo cargara. Eso pudo suceder con el primer balón, escurrido bajo su pierna derecha. No así en el segundo, que tomó para driblar a todos.

5 balones de Oro

Corrió la voz de que en el club Abanderado Grandoli actuaba el nuevo Maradona, apodado Pulga en el futbol, donde el asombro no tenía límite, y Piqui en el colegio, donde no lograba concentrarse.

A los siete años, ingresó a las categorías infantiles del Newell's, debutando con cuatro goles. Un equipo arrollador, con Lionel como sol, al que se llamó La Máquina del 87.

Sin embargo, en ese *sprint* hacia la cumbre, surgió un problema. Era evidente la diferencia en estatura de Lio, que medía metro con veintisiete centímetros, respecto al resto.

Así, a los nueve años, inició su tratamiento médico. Su familia pagó el dineral que eso costaba, hasta que la crisis en Argentina los dejó sin posibilidad y buscaron opciones. Al ser probado por River Plate a mediados del año 2000, anotó un cúmulo de goles, mas el conjunto bonaerense se negó a pagar las inyecciones.

Entonces, viajaron a Barcelona. El tímido Lio tardó más en atreverse a hablar con sus compañeros que en golear. Con los Messi urgidos de una garantía, el cuadro blaugrana les firmó un primer compromiso en una servilleta.

Muy pronto, el Camp Nou se habituaría a la imagen de Lionel dedicando sus goles al cielo: todos en honor de la abuela Celia que consiguió que le permitieran jugar y murió sin ver esos poemas dignos de Recanati, que Lio escribió con el balón. ⚽

ÍNDICE

SOBRE EL AUTOR

ALBERTO LATI nació en la Ciudad de México en 1978. Es periodista y conductor de televisión, viajero y escritor, políglota y colaborador del Alto Comisionado de la ONU para los Refugiados. En 2013 publicó *Latitudes. Crónica, viaje y balón*, reeditado en una nueva versión como bestseller en 2016, dentro del sello Debolsillo. En 2018 publica su novela *Aquí, Borya* (Grijalbo). Tan enamorado del futbol como de las letras, en *100 genios del balón* retoma una de sus primeras obsesiones: explorar la forma, el sitio, las adversidades, la perseverancia, entre las que nacen y se hacen los cracks. ⚽

100 genios del balón de Alberto Lati
se terminó de imprimir en enero 2019
en los talleres de
Litográfica Ingramex, S.A. de C.V.
Centeno 162-1, Col. Granjas Esmeralda, C. P. 09810
Ciudad de México.